EL SECRETO DE LAS NEUROVENTAS

Aumenta tus ventas fácilmente
aprendiendo cómo funciona el cerebro

Marcos Esteban

A mi fuerza y mi orgullo, mi familia.

PREFACIO

Bienvenido a El Secreto de las Neuroventas. Cuando entré en contacto por primera vez con las neuroventas mi primer pensamiento fue que esto es exactamente lo que había estado necesitando durante tantos años que me había estado dedicando a la venta. Tantos cursos que había tomado y por fin el que tanto había esperado. Pero no era suficiente, no entendía por qué funcionaban las técnicas de neuroventas, solo sabía que funcionaban y que habían sido comprobadas en laboratorios con aparatos médicos.

Inmediatamente me puse manos a la obra. Investigué en todos los libros de neurociencias que cayeron en mis manos hasta que conseguí conformar el puzzle. Poco a poco, con cada función cerebral que analizaba, iba desvelando por qué funcionaban las técnicas de neuroventas. Y no solo eso, el conocimiento que adquirí sobre cómo funciona el cerebro me ayudó a entender también el comportamiento de las personas, y sorprendentemente a conocerme mucho mejor a mi mismo.

Hoy quiero compartir este conocimiento contigo para que crezcas no solo como vendedor, emprendedor, ejecutivo o profesional, sino también para que lo aproveches para conocerte a ti mismo. Espero que lo disfrutes tanto como disfruté yo escribiéndolo.

Comencemos el viaje al cerebro humano.

¿QUÉ VAS A ENCONTRAR EN ESTE LIBRO?

En este libro vas a encontrar las bases científicas y las técnicas de neuroventas que te van a servir para desarrollar tu negocio y dominar las relaciones con los demás:

❖ **Fundamentos técnicos de Neuromarketing**, cómo se averigua qué técnicas funcionan en neuroventas.

❖ **Funciones cerebrales** implicadas en nuestras relaciones con los demás, para dominar las relaciones personales.

❖ **Técnicas de Neurocomunicación** para que tu mensaje sea recordado a largo plazo.

❖ **Motivadores emocionales** que lograrán crear el deseo de compra en tu cliente para que compre tu producto o tu idea.

❖ **Técnicas de decisión,** para darle el último empujoncito a tu cliente y lograr que compre tu producto.

¿PARA QUIÉN ES ESTE LIBRO?

Tanto si eres un vendedor profesional, un emprendedor, un ejecutivo senior en una gran empresa o un joven desarrollando su preparación, este libro te va a ayudar a conseguir persuadir a las personas de tu entorno de lo que te propongas.

Vendedores profesionales
que quieren escalar en su carrera

Emprendedores y PYMES
que quieren hacer crecer su empresa

Ejecutivos de empresas
que quieren lograr desarrollar sus proyectos

CEOs y Directores
que quieren conseguir lo mejor de sus equipo humano

Profesionales autónomos
que quieren mejorar su servicio y su negocio

Personas en crecimiento personal
que quieren entender sus relaciones personales

CONTENTS

INTRODUCCIÓN

La Increíble Historia De María Y Su Laptop

María quería comprarse un laptop para un nuevo proyecto que estaba desarrollando basado en una página web de fotografía y video donde ocuparía un sinfín de archivos multimedia.

Mirando todos los modelos que había en la tienda se le acercó un vendedor muy cualificado del departamento de computación. El vendedor le comentó que entre los laptops que le podía ofrecer tenía aparatos con 1 Tbyte de memoria y otros de 500 Gbytes. Lógicamente es más probable que el cliente comprase el laptop que tiene más memoria, ya que es un recurso que va a necesitar intensivamente, dejando el asesor a María la conclusión de que necesita mucha capacidad de memoria.

Con más memoria María podrá almacenar más fotos y videos que necesitará en su página web, sin necesidad de estar borrándolos o guardándolos en una memoria externa. Sin duda una gran ventaja. Todos hemos sufrido en alguna ocasión la falta de memoria y lo incómodo que resulta tener que empezar a deshacerse de archivos que una vez nos pareció importante guardar.

Finalmente María, después de analizar las opciones que había con diferente memoria y procesador, ¡se decidió por el laptop de color rosa!. En ese mismo momento todos los presentes olvidaron las características técnicas del equipo, todas las argumentaciones racionales se volvieron absolutamente irrelevantes.

El esfuerzo que había hecho el departamento de desarrollo técnico del fabricante del laptop había sido eclipsado por un muy acertado color rosa que le había llegado a María a lo más profundo de su mente, arrancándole inmediatamente una sonrisa en cuanto lo vio.

¿Qué le movió a María a comprar el laptop por el color rosa?

Posiblemente para ella era más importante tener una buena imagen cuando estuviese con clientes que la capacidad de la memoria, Así que de una venta consultiva técnica donde el vendedor analiza las necesidades más importantes para el cliente hemos pasado a una venta emocional.

¿Y En Sector Canal B2b? (Business To Business)

El sector B2B es el rey de las decisiones racionales, o al menos eso pensamos todos los ingenieros que comenzamos a vender. Lamentablemente debido a la globalización gran parte de los productos industriales ya no van a ser soluciones únicas, sino que van a tener una fuerte competencia y por tanto una reducción de precios.

El sector B2B tienen una diferencia muy grandes con el sector de consumo: el comprador no utiliza dinero suyo y si se equivoca corre el riesgo de perder su empleo si el producto es crítico en el proceso de producción. Esto hace que el peso de la marca, así como el servicio postventa sea decisivo a la hora de la compra.

⇨ El factor MIEDO va a jugar un papel decisivo en el canal B2B

NEUROMARKETING

El objetivo del neuromarketing es tratar de predecir el comportamiento de las personas y con ello averiguar el impacto que tendrá un anuncio antes de salir al aire o el éxito que tendrá un producto en un supermercado. Mediante diferentes dispositivos tecnológicos podemos evaluar el impacto emocional de un anuncio, un producto o una situación en una persona.

En las últimas décadas los avances tecnológicos en materia de detección de actividad neuronal han permitido indagar el funcionamiento del cerebro de una manera mucho más exacta. Diferentes tecnologías han permitido poder detectar hechos tan importantes como el momento preciso en que una persona toma una decisión.

Los Siete Segundos

En el año 2008 se hizo un experimento en el Instituto Max

Planck[1] donde se pudo constatar que curiosamente tomamos una decisión siete segundos antes de que seamos conscientes de ello. Anteriormente Benjamin Libet ya había determinado que la actividad subconsciente determinaba las decisiones de la actividad consciente, pero no se había demostrado hasta el momento un periodo tan largo de 7 segundos entre la decisión inconsciente y la posterior consciente.

⇒ **No compras tú, ¡compra tu subconsciente!**

Imagen Por Resonancia Magnética Funcional

El escáner fMRI o Imagen por Resonancia Magnética Funcional mide la cantidad de sangre oxigenada en el cerebro y puede señalar las regiones cerebrales que tienen mayor riego con una precisión de un milímetro. Cuanto más trabaja una determinada área del cerebro más oxígeno requiere, de esta manera la máquina puede detectar el área del cerebro que opera bajo ciertas circunstancias y estímulos. La limitación de esta máquina es que la persona tiene que estar tumbada e inmóvil para que esta pueda hacer el escaneo cerebral correspondiente. Por tanto tiene sus limitaciones para aplicación en neuromarketing, pero es de gran ayuda para el estudio de la función de las estructuras cerebrales.

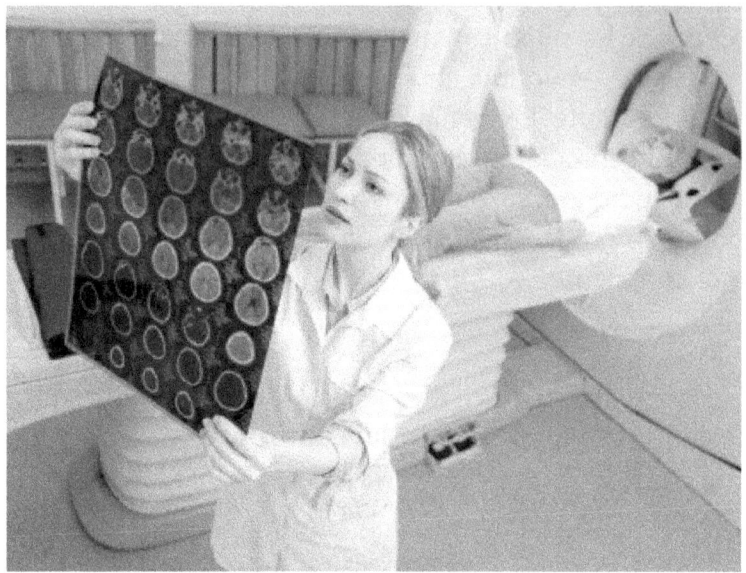

fMRI Escáner de resonancia magnética funcional.

Electroencefalograma

La electroencefalografía, o EEG, se basa en la medición de activaciones bioeléctricas en el cerebro que son medidas mediante sensores situados en el cuero cabelludo. Este sistema es menos preciso que el fMRI a la hora de detectar la región cerebral que se estimula pero es mucho más flexible para poder hacer estudios sobre la reacción del cerebro frente a anuncios visuales.

Este sistema se suele combinar con detectores de movimiento ocular para determinar qué está mirando el sujeto y saber qué está mirando cuando se produce una emoción significativa en el sujeto.

EEG Capta la actividad cerebral del sujeto.
Imagen: brainboost.de

Detectores De Movimiento Ocular Y Biosensores

Junto con el EEG se emplea un detector de movimiento ocular o eyetracker para saber donde está mirando el sujeto durante la prueba. De esa manera podemos saber cuánto tiempo ha estado mirando una parte determinada de una imagen y medir qué impacto emocional ha tenido esa visión en su cerebro y organismo, incluso medir si se registró actividad en su lóbulo temporal, lo que indicaría una acción de memorización.

Conjuntamente con el eyetracker también se usan pulsómetros para detectar cuando el corazón late más deprisa, síntoma de que se está emocionando, y sensores galvánicos para detectar sudoración en la piel, con el mismo objetivo.

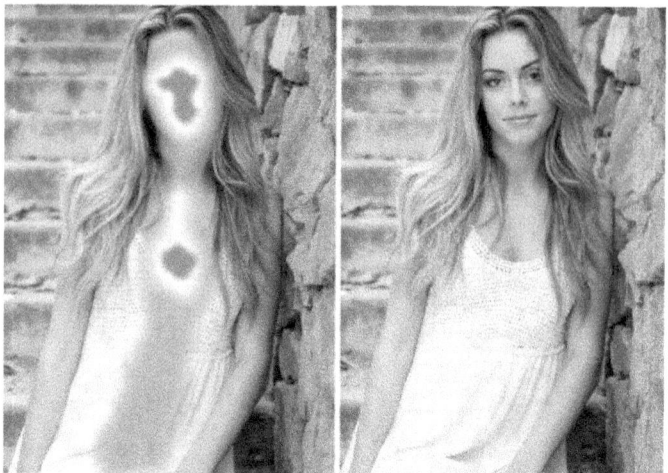

El eyetracker registra lugar y duración de la mirada

LAS EMOCIONES Y LA FÁBRICA DE QUÍMICOS

"Cuida tus propias emociones y nunca las subestimes".

-ROBERT HENRI (1865-1929) PINTOR Y PROFESOR
ESTADOUNIDENSE-

Nuestro cerebro y algunos órganos del cuerpo humano son una fábrica de productos químicos que sirven para regular el funcionamiento del organismo. Mediante hormonas y neurotransmisores se estimulan diferentes órganos del cuerpo humano que producen químicos que actúan como auténticos portadores de órdenes cerebrales, las cuales nos permitan adaptarnos a nuevas situaciones.

El conocimiento de cómo funcionan los neurotransmisores nos va a aclarar en gran medida el comportamiento humano. Los neurotransmisores positivos van incidir en el estado de ánimo de nuestro cliente y conseguirán una sensación de optimismo que favorecerá la idea de comprar nuestro producto, mientras que los neurotransmisores negativos crearán un estado de negatividad y de rechazo que evitará que nuestro cliente esté en condiciones de pensar en comprar.

⇨ **En el proceso de ventas buscamos crear un ambiente propicio para que nuestro cliente sienta emociones positivas y evite las emociones negativas**

BIOLOGÍA DEL MIEDO

El miedo es el mayor enemigo de las ventas. Esta emoción es la que prevalece por encima de las demás porque el miedo significa que tu supervivencia está en riesgo, y tu prioridad es sobrevivir ante todo. El poder identificar esta emoción durante un proceso de venta es fundamental para poder ofrecer al cliente la solución que necesita que no le provoque miedos o dudas. Pero antes de eso, vamos a ver el impacto del miedo en nuestro organismo.

Cortisol, Adrenalina Y Miedo

Si estamos ante una amenaza inminente, como por ejemplo en frente de un león dispuesto a atacarnos, se producirá un estado intenso de estrés en nuestro cuerpo. Una pequeña estructura cerebral llamada amígdala generará las señales químicas necesarias para que se segregue adrenalina, noradrenalina y cortisol (esta última se genera en las glándulas suprarrenales situadas en la parte superior de los riñones). Estas hormonas nos prepararán para salir huyendo o afrontar la amenaza, se producirán en nuestro cuerpo una serie de cambios a una velocidad increíble. Se liberarán las hormonas adrenalina y cortisol que producirán rápidos cambios en nuestro organismo:

- Se **dilata la pupila** para tener una mejor información visual.
- Se **abren los ojos** para tener mejor campo visual.
- Se **acelera la respiración** para oxigenar mejor tus músculos.
- El **corazón palpita más fuerte** para llevar ese oxígeno a tus

músculos listos para actuar.

- **Aumenta el nivel de glucosa en sangre** para que los músculos tengan alimento par entrar en acción.
- Se **debilita tu sistema inmunológico**, con lo que serás mucho más propenso a sufrir enfermedades.
- Se **desencadena un proceso diarreico** en los intestinos.
- El **riego sanguíneo se reduce en el cerebro** y en aquellos lugares donde no se va a necesitar, principalmente en la zona prefrontal del cerebro y en los órganos que forman parte de la función digestiva.
- **Tu capacidad para pensar disminuye** (menos sangre en el córtex prefrontal), siendo sustituida por sistemas reflejos de defensa y supervivencia.

Normalmente cuando la situación de peligro desaparece vuelves a un estado normal, pero si sufres de un estado continuado de estrés y no consigues relajarte, tu cerebro no tendrá capacidad para pensar claramente y comenzarás a reaccionar de una manera más desorientada y agresiva ante cada situación laboral, además de ser más vulnerable a enfermedades por estar afectado tu sistema de defensa natural

Este mecanismo es el sistema más básico de defensa para la supervivencia, y actúa en todos los órdenes de nuestra vida. Si tu jefe te ha dicho que este año habrá que llegar al plan de ventas o tendrán que recortar vendedores, tu organismo entrará en un estado de estrés que, sin ser tan intenso como un ataque inminente, tendrá síntomas similares ante la amenaza de quedarte sin tu sueldo mensual: nerviosismo, dificultad para pensar tranquilamente, insomnio, depresión, fatiga, problemas digestivos y un cuadro general de ansiedad.

⇒ **Un estrés continuado puede perjudicar tu salud y tus relaciones sociales**

StoryTelling: la presentación de Juan

El nuevo director financiero de la empresa Juan, iba a presentar los excelentes resultados en la conferencia anual delante de todos los empleados. Orgulloso de las cifras que iba a presentar no podía disimular cierto nerviosismo. Cuando te tocó su turno y salió a hacer su presentación comenzó a explicar las cifras y resultados económicos. De repente una persona le interrumpió y le preguntó "¿esas cifras no son las del año pasado?". Y allí estaba Juan, pasmado mirando al público sin saber qué decir ni qué hacer, pálido y sintiendo que las piernas casi no le sostenían. Las cifras eran las del año actual, estaban correctas, pero Juan apenas pudo reaccionar ante una pregunta tan sencilla. Esta reacción se debe a que el riego sanguíneo del córtex prefrontal se reduce impidiéndonos pensar normalmente.

Situaciones De Alto Estrés

Hay situaciones en la vida en las que llegando al momento de tomar la decisión entra en escena el miedo y hace que muchas personas se arrepientan en el último momento, sobre todo lo que representa una responsabilidad a largo plazo, como casarse, pedir un préstamo para una casa o tener un hijo. ¡Cuántos novios el día antes de la boda la cancelan o incluso en el mismo altar salen corriendo! Ante todas estas situaciones el miedo nos puede paralizar o hacer correr para ponernos a salvo.

⇒ **Con mucho estrés apenas podemos pensar, solo actuar: o nos quedamos paralizados o salimos corriendo**

BIOLOGÍA DEL BIENESTAR

Ya hemos visto cómo el miedo puede sabotear nuestra mejor venta y lo importante que es prestar atención a las dudas o recelos que pueda tener el cliente. Ahora vamos a abordar lo contrario, las hormonas y neurotransmisores que nos van a ayudar a que el cliente pueda entrar en una situación mental más favorable para percibir nuestro producto como el más adecuado para sus necesidades.

Testosterona Y La Energía

La testosterona es una hormona bien conocida por ser la hormona que regula el apetito sexual en el varón. Aunque esta hormona está vinculada principalmente con el varón, las mujeres también generan de esta hormona. Un aumento en esta hormona está asociado con comportamientos agresivos y competitivos. No obstante, también está directamente relacionado con el aumento del nivel de energía de la persona, con la reducción los estados de ansiedad, depresión, estrés y con una mayor retención de memoria.

El ejercicio físico está indicado para la generación de testosterona, que eleva el nivel de energía de la persona y la lívido. Por otra parte, altos índices de testosterona están asociados con la disminución de generar empatía por otras personas, favoreciendo un carácter más egoísta que reduce la capacidad de vincularnos afectivamente con otras personas. Esto es debido al efecto inhibidor sobre otra hormona, la oxitocina.

Particularmente la testosterona es útil cuando queremos crear un efecto de autoconfianza frente a una presentación importante, donde queremos trasmitir seguridad. Según estudios de la psicóloga estadounidense Dra.Amy Cuddy y su equipo, si adoptamos una postura de poder durante dos minutos, como puede ser de pie con las piernas abiertas y los puños apoyados en la cintura con los brazos en forma de jarra, el cuerpo segrega testosterona que nos ayudará a afrontar la reunión con mayor energía y autoconfianza. Es una técnica que se usa en procesos de oratoria, previa a la exposición.

Postura de empoderamiento

Oxitocina Y El Vínculo Afectivo

La hormona oxitocina, secretada por la hipófisis en nuestro cerebro, es conocida como la hormona del amor y está estrechamente asociada con las relaciones afectivas entre las personas. Esta hormona juega un papel primordial durante el parto, durante el cual el cerebro se inunda de oxitocina, y durante el proceso de lactancia, generando un vínculo afectivo muy intenso entre la madre y su bebé.

Según el especialista sueco en neurociencia perinatal Nils Bergman esta misma hormona es igualmente responsable del instinto de protección de una madre que ve amenazado a su criatura. Pero no solo eso, también está asociada con sentimientos de confianza, altruismo, generosidad, empatía, compasión y moralidad.

Conforme al Dr. Paul Zak[4]   la oxitocina se genera durante las acciones de amamantar, el orgasmo, abrazos, acurrucarse, dar la mano, bailar con la pareja, el masaje y la meditación sobre personas queridas. También genera oxitocina recibir un regalo o curiosamente navegar en redes sociales (¡he aquí el motivo de lo adictivo que resulta!). El Dr.Zak recomienda dar ocho abrazos al día de al menos 30 segundos.

Generar oxitocina es más fácil de lo que parece, solo necesita contacto físico con confianza. Un médico que toma la mano de su paciente de camino al quirófano reduce su estrés y ansiedad y le da una sensación de confianza y relajación que reduce sensiblemente la presión arterial y por tanto la complejidad de la operación. Según Pavel Goldstein de la Universidad de Colorado en Boulder tomar la mano a un ser querido con dolor tiene el efecto de sincronizar su respiración, el ritmo cardíaco y sus ondas cerebrales, lo que reduce el dolor que el paciente sufre.

"La oxitocina es una mezcla de confianza y contacto físico". -Dra. Loretta Graziano Breuning, Ph.D -

Confianza

Un simple gesto como dar un sincero apretón de manos a un cliente o apoyar su mano en el hombro puede hacer que la persona genere oxitocina y con ella aumente su confianza y empatía con nosotros además de generosidad. Hay que tener cuidado en el contacto con clientes porque ha de ser en el momento oportuno, un contacto muy prematuro con un cliente podría producirle rechazo, sobre todo si es del sexo opuesto, y en ciertas culturas donde mantener la distancia es importante en las relaciones comerciales donde muestra respeto.

⇨ **Recuerda, sin confianza, no hay negocios**

Espiritualidad y meditación

En un estudio realizado por Patty Van Cappellen[5] se pudo constatar la relación entre la oxitocina, la espiritualidad y la meditación. Aquellas personas a las que se le suministró oxitocina pudieron experimentar una sensación de espiritualidad y de intensas emociones durante la meditación. Curiosamente este resultado se dio entre varones, siendo la reacción de las mujeres diferente a la de los hombres.

Agradecimiento

En el año 2015 el Departamento de Psicología del Dr.Glenn Fox de la Universidad de California desarrolló un estudio[6] enfocado en la respuesta psicológica que produce un acto de gratitud. Este estudio arrojó que el resultado de una actitud de agradecimiento genera estados de ánimo de satisfacción, optimismo, empatía, felicidad, vitalidad, autoestima y esperanza, activándose sobre todo las áreas asociadas con la recompensa social y los vínculos interpersonales. Este estado de ánimo es producido por la liberación de oxitocina en el organismo.

La gratitud no es un sentimiento en sí, sino una actitud que fomentada mejora nuestra relación con los demás en un sentido bidireccional entre la persona que da las gracias y la que se siente agradecida.

⇒ **No hay mejor estrategia comercial que ayudar a tu cliente desinteresadamente. ¡Ser buena persona vende!**

"La recompensa del trabajo bien hecho es la oportunidad de hacer más". - Jonas Edward Salk (1914-1995) médico estadounidense -

Dopamina Y La Recompensa

Desde que en los años 1950 el científico sueco Arvid Carlsson, laureado con el premio Nobel, descubre que la dopamina es un neurotransmisor que opera para el control de movimientos, se han desarrollado múltiples estudios que revelan la importancia de este neurotransmisor en el comportamiento humano.

La dopamina se segrega cuando el cuerpo encuentra algo que necesita o es bueno para él, incluso antes de obtenerlo el cerebro ya está segregando dopamina.

Este sistema no solo ayuda a regular el movimiento hacia aquellas cosas que deseamos y activa las respuestas emocionales, sino que también se activa con la recompensa de haberlo conseguido y nos promueve a buscarla. Esto es porque la dopamina activa los centros de placer en el cerebro, sistema básico de recompensa. Esta combinación de recompensa y placer hace que la dopamina juegue un papel muy importante en el campo de las motivaciones.

⇒ **¡Ponte pequeños retos! La secreción de dopamina te ayudará a acercarte a tu meta**

Felices... Por Un Ratito

Podríamos pensar que podemos activar permanentemente la dopamina para sentir placer, el problema es que una vez que el cuerpo consigue alcanzar una meta el cerebro deja de suministrar tanta dopamina como cuando lo consiguió por primera vez. La secreción de dopamina se reduce cuando logramos el mismo objetivo una y otra vez. Por eso disfrutamos el primer mordisco de chocolate, y el segundo y el tercero, pero al cuarto ya no le encontramos tanto gusto. Por lo mismo una persona ambiciosa nunca tiene suficiente, porque una vez que alcanza un status volverá a ser infeliz, ya la activación de la dopamina decaerá hasta que no alcanza otro nivel superior.

Las Expectativas Crean Frustraciones

El profesor Wolfram Schultz tras un experimento[7] realizado con simios en el que se les premiaba después de una actividad, determinó que la segregación de dopamina se produce inmediatamente antes de recibir una recompensa, y no en el momento de recibirla. Esto significa que cuando esperamos un premio se produce un incremento de la dopamina producida por pensamientos positivos, que favorece además la capacidad de concentración y memorización.

Si no se recibe el premio se genera una sensación de frustración directamente proporcional a la expectativa creada y se produce una sensación de depresión.

⇒ **Cuidado con generarle al cliente expectativas que no podemos cumplir, se sentirá decepcionado**

Empleado Del Año

El método de recompensa lo conoce muy bien el departamento de recursos humanos cuando premia al empleado del año, cuando dan el reconocimiento de 10 años en la empresa, cuando un distribuidor recibe el premio al mejor distribuidor del año o cuando un vendedor recibe el premio a las mejores ventas anuales.

De hecho, el no sentirse recompensado o reconocido puede ser un motivo de abandono de la empresa si se ha creado esa expectativa.

⇒ **No olvides reconocer los logros de tus clientes, se sentirán muy orgullosos y agradecidos**

Aprendizaje, Atención Y Memoria

La secreción de dopamina estimula la memorización a largo plazo. Cuando estamos aprendiendo algo inesperado que además es importante para nosotros el cerebro segrega dopamina, favoreciendo además la atención y la memorización. La función de la memorización, sea ésta positiva o negativa, es conseguir que en el futuro tengamos tendencia por aquellas circunstancias que nos dan placer y evitemos las que nos producen frustración. Esto es lo que llamamos aprendizaje, y sin emoción, el aprendizaje se malogra.

⇒ **Enseñarle algo a un cliente es una manera muy sencilla de conseguir agradecimiento y una relación de confianza**

Música, Amplificador De Emociones

El equipo de investigación de Valorie Salimpoor y Robert Zatorre de la Universidad McGill de Montreal[8] realizó mediciones del incremento de la dopamina y la actividad neuronal al ser expuestos a música clásica instrumental. El estudio demostró que el cerebro liberaba más dopamina cuando los sujetos de estudio oían sus canciones preferidas y sobre todo cuando la música alcanzaba el momento más intenso de la melodía, segregando dopamina en el área cerebral asociada a la euforia, produciendo el mismo efecto que produce la cocaína.

Según los autores del estudio *la música funciona como un amplificador de las emociones.*

⇒ **Antes de tener una reunión escucha tu música favorita en el coche, tu cliente sentirá tu actitud motivada**

Humor Y Creatividad

Según la catedrática Natalia López de la Universidad de Navarra, el sentido del humor se genera en un área denominada central de detección de errores. Al detectar el cerebro el error lógico se produce una recompensa mediante la liberación de dopamina, ya que las vías metabólicas de la dopamina en las estructuras cerebrales de las regiones frontal y estriado están asociadas al pensamiento divergente y creativo.

⇒ **El buen humor genera más confianza en la suerte y los negocios, por lo que se tiende a tomar más riesgos**

Experimento: humor y resolución de problemas

En la Universidad de Maryland la psicóloga Alice Isen y sus colegas realizaron un experimento sobre el humor y la capacidad para resolver problemas.

A varios participantes se les puso a ver series de humor para ponerles de buen humor y hacerles reír. Posteriormente se les dio un problema para asociar tríadas de palabras con conceptos comunes. De las 7 tríadas que les dieron fueron capaces de identificar 5 de media. Lo interesante del resultado fue que las personas que vieron las series de humor pudieron resolver un 25% que sus compañeros que no vieron las películas.

Sorpresa y placer

En un estudio llevado a cabo por en la Universidad de Medicina Baylor College de Houston se determinó que ante una situación inesperada se activa el área cerebral núcleo accumbens, área asociada con el placer y se libera dopamina. En palabras del coautor del estudio Dr. P. Read Montague "Esto sugiere que la gente está diseñada para ansiar lo inesperado". En términos evolutivos el deseo de conocer lo inesperado es una reacción de supervivencia, ya que un cambio en nuestro entorno puede significar la vida o la muerte.

⇒ **En tus presentaciones incluye algún efecto sorpresa. El efecto "Wow!" hará que tu presentación sea inolvidable.**

Curiosidad y la atención

Según un estudio llevado a cabo por el Dr. Charan Ranganath[9] la curiosidad activa el sistema del cerebro responsable de la función de recompensa donde se produce la dopamina y la vincula con el área de las emociones, vinculado a su vez con la memoria a largo plazo. Esto hace que el cerebro se coloque en un estado preparado para aprender y retener información.

⇒ **Con la secreción de dopamina tu cerebro se convierte en una esponja lista para absorber todo lo que sucede**

¿Recuerdas aquel concurso de televisión donde los concursantes ganan dinero?

En cierto momento, cuando el concursante estaba a punto de ganar el premio el presentador del programa lanzaba la pregunta al espectador -¿sabe cuál es el premio que ha ganado el concursante?, lo sabremos después de la publicidad-.

La curiosidad nos genera una inyección de dopamina que puede impedirnos levantarnos del sofá hasta que conseguimos saber la respuesta, eso sí, tras los pertinentes segundos de publicidad.

Raramente esta técnica de generar curiosidad es usada durante las visitas personales con el cliente. El desarrollar la habilidad para generar la expectativa de la respuesta en el momento adecuado y producir la sensación de curiosidad, es una herramienta muy importante a la hora de abrir los canales cerebrales de atención, concentración y retención a largo plazo.

No hay que olvidar que lo que genera la curiosidad al cliente es la relevancia de la cuestión planteada. Si le preguntas al cliente, ¿sabes como invertir correctamente en la bolsa de valores? no tendrá la misma curiosidad y atención que si le preguntas ¿sabes como ganar dinero sin esfuerzo? Plantear una cuestión de problema-solución es una manera muy efectiva de generar la curiosidad y atención máxima.

⇒ **Llama a tu cliente para visitarle con tus nuevos productos, te esperará impaciente.**

Feniletilamina, El Enamoramiento Y El Chocolate

La Feniletilamina es una hormona que cuando el cuerpo incrementa su liberación genera una serie de emociones relacionada con el enamoramiento como la pérdida apetito y la euforia. Cuando en el cerebro se genera esta hormona se produce la secreción de dopamina, norepinefrina y oxitocina, todo un cocktail de hormonas relacionadas con el amor, el placer, la acción y el vínculo emocional. La inhibición de esta hormona por un amor no correspondido conduce a la depresión con síntomas similares al síndrome de abstinencia de un adicto a las anfetaminas.

El chocolate, así como algunos tipos de quesos, contiene feniletilamina que ayudan a liberar todo un torrente de hormonas que proporcionan un estado atención, concentración y vínculo emocional muy apropiados para una desarrollar buenas relaciones comerciales.

⇒ **Pon unos chocolates negros en tu próxima reunión con tus clientes, se creará un ambiente muy positivo**

Endorfinas, El Dolor Y El Placer

Las endorfinas son hormonas que tienen un efecto analgésico sobre el cuerpo con una sensación de euforia y calma. Se libera cuando tenemos algún tipo de dolor físico o emocional usando los mismos mecanismos que usan algunos analgésicos potentes como la morfina. También se producen endorfinas cuando hacemos deporte intenso, comemos picante, reímos a carcajadas, lloramos, recibimos masajes, después de tener relaciones sexuales, cuando vamos a hidroterapia o en general cuando hacemos alguna actividad placentera. Además, están relacionadas con la sensación de sosiego, y en las relaciones personales con el apego y la seguridad.

⇒ **Haz deporte con tu cliente, creará un clima de confianza y apego personal. La cuestión es... ¿le dejarás ganar?**

Melatonina Y Los Negocios

La actividad de comer siempre ha sido un recurso que en el proceso de ventas se utiliza frecuentemente. Podríamos resumir las razones científicas en el conocido dicho de "Estómago lleno, corazón contento". Más concretamente la razón de esta felicidad reside en que los alimentos generan dopamina y serotonina, dos de los neurotransmisores que nos producen placer y felicidad.

Reunión justo antes de comer

Hay que tener en cuenta que realizar una reunión de ventas justo antes de la comida no es recomendable, ya que si los participantes tienen bajos sus niveles de glucosa su cuerpo les producirá las sensaciones de irritabilidad y agresividad, y se elevará en sangre sus niveles de la hormona grelina generando la sensación de hambre. Como se pueden suponer desciende la concentración y aumenta el deseo de terminar la reunión cuanto antes para poder ir a comer. Después de comer el cuerpo se relaja y se genera una sensación de somnolencia producida por los niveles de serotonina y melatonina liberados por el organismo.

Para evitar esta sensación durante una comida de trabajo hay que intentar evitar el alcohol y las comidas de alto contenido de carbohidratos, como harinas refinadas o pastas, alimentos que generan la producción de insulina, triptófanos y finalmente serotonina y melatonina que regula el sueño.

En vez de estos alimentos es más recomendable ingerir alimentos ricos en proteínas y verduras, que no generan altos picos glucosa en sangre y por tanto el cuerpo no segrega tanta insulina. Las proteínas en vez de producir serotonina van a favorecer la producción de dopamina y la sensación de placer y motivación, lo que genera una sensación estimulante y motivante a la acción.

⇨ **Un buen corte de carne con ensalada o verduras es una muy buena combinación para una comida de trabajo**

Emociones de ida y vuelta

La segregación de dopamina activa los músculos de la cara que producen el gesto conocido como sonrisa. La sonrisa es por tanto un excelente indicador de que a nuestro cliente le está agradando el mensaje que está recibiendo mediante la secreción de dopamina. Y curiosamente este mecanismo de dopamina-sonrisa funciona de igual manera en sentido contrario, sonrisa-dopamina.

El mero hecho de sonreír, aunque sea de manera forzada, activa los mismos centros neuronales de placer y se activa la secreción de dopamina,

⇨ **Ponte delante del espejo y fuerza la sonrisa, al poco notarás como tu estado de ánimo mejora sensiblemente**

StoryTelling: los chocolates

Una vez me comentaba la CEO de una empresa de fertilizante en México que, en una reunión de trabajo con un cliente complicado, con el que nunca tuvieron éxito y que siempre se mostró arisco y agresivo, llevaron un par de cajas de chocolates negros que pusieron estratégicamente distribuidas por la mesa, a modo de presente. Durante la reunión los asistentes por parte del cliente no dejaron de agarrar uno tras otro los chocolates hasta acabárselos mientras escuchaban atentos la presentación.

Al término de la reunión le impresionó que la presentación había sido todo un éxito y que el cliente se había mostrado mucho más receptivo y favorable a trabajar con ellos. "De alguna manera todo cambió en la reunión, lo del chocolate sí que funcionó" me comentó satisfecha la CEO de la empresa de fertilizantes.

CÓMO FUNCIONA
EL CEREBRO

"Todo hombre puede ser, si se lo propone, escultor de su propio cerebro".

- SANTIAGO RAMÓN Y CAJAL (1852-1934), MÉDICO ESPAÑOL -

Estos capítulos dedicados al cerebro son fascinantes porque vas a descubrir ciertas funciones cerebrales que te van a iluminar ciertas escenas pasadas de tu vida donde vas a darte cuenta de la naturaleza de tus comportamientos y la reacción de las demás personas. El conocimiento de cómo funcionan los neurotransmisores con las funciones cerebrales y de cómo opera el subconsciente te va a a dar mucho más control sobre tu vida y tu entorno, pudiendo controlar mucho mejor tus ventas y la relación con tus clientes.

Simplemente piensa que **¡el 85% de nuestras decisiones son subconscientes!,** por eso no consigues adelgazar, compras los mismos productos y repites una y otra vez el mismo camino a casa.

⇨ **Tu cerebro es tu peor enemigo, porque es el que mejor te conoce. Contrólalo y conviértelo en tu aliado.**

Storytelling: la cómoda

Recuerdo en una ocasión que estaba haciendo una tarea manual delicada y le pedí a mi hijo de 4 años que me trajera rápidamente un tubo de pegamento que estaban sobre la cómoda de mi dormitorio.

El niño me miraba inmóvil sin mover un solo dedo, y ya urgiéndome tenerlas para terminar mi tarea le volvía a decir ya en voz alta que me las trajera con cierto enojo. Mi hijo seguía mirándome inmóvil y su pasividad estaba acabando con mi paciencia. Le miré detenidamente y en su mirada reconocí mi cara cuando en Alemania me hablaban en alemán y no entendía nada. Le pregunté…hijo, ¿sabes lo que es una cómoda? No papá… Es la cajonera alta de nuestro dormitorio. ¡Ah! exclamó mi hijo, y salió corriendo por el pegamento.

Esto mismo nos pasa en muchas ocasiones, no entendemos la reacción de las otras personas y nos enfadamos por su conducta. El poder entender las reacciones de una persona nos capacita para poder llevar la conversación hacia el objetivo que queremos, sin atorarnos en ideas que no comprendemos por qué las dice la otra persona. No es lo mismo hablar a una persona en condiciones normales a hablarle cuando tiene mucha hambre, le acaban de comunicar el fallecimiento de un amigo, está muy apurada por el estrés en el trabajo o simplemente está deprimida por una inadecuada alimentación.

⇒ **Cuando hables con otras personas descifra su estado emocional para entender sus reacciones**

NUESTROS CINCO CEREBROS

"Encaramado encima del elefante, el jinete sujeta las riendas y parece ser el líder. Pero el control del jinete es precario porque el jinete es muy pequeño comparado con el elefante".

- JONATHAN HAID (1963), SOCIÓLOGO ESTADOUNIDENSE -

Nuestro cerebro es un procesador que ha ido creciendo a lo largo del tiempo. Lejos de ser exacto, su capacidad de proceso es increíblemente potente. Esta potencia le lleva a consumir el 20% de la energía que necesitamos diariamente, aunque tenga solamente el 2% del peso corporal. Los subproductos químicos de este consumo energético se limpian durante el proceso del sueño que se aprovecha para eliminar los desechos producidos. Mientras dormimos las células reducen su tamaño para permitir que esta limpieza pueda llevarse a cabo.

Desde principios del siglo XX los doctores Jakob y Papez ya habían desarrollado teorías sobre el funcionamiento de las estructuras subcorticales implicadas en el desarrollo de las emociones, estructuras que formarían un grupo denominado cerebro límbico. En 1970 el Dr.Paul McLean amplió el estudio de la relación entre el córtex, el cerebro límbico y el cerebro reptiliano y describió por primera vez lo que se llamaría **el cerebro triuno.**

Esta teoría explica la evolución del cerebro en el reino animal, desde un primitivo reptil, convertido posteriormente en un cerebro límbico o también llamado mamífero, el cual posteriormente evoluciona a un cerebro más propio de especies evolucionadas llamado cerebro racional.

Ahora que ya sabes que tienes tres cerebros en uno, ¿Cuál crees que será más decisivo en tu toma de decisiones? La lógica nos dice que posiblemente sea el cerebro racional, donde está nuestro pensamiento racional, ya que es el más evolucionado, pero nada más lejos de la realidad, ya que el cerebro más primitivo se superpone en las decisiones al más moderno, de tal manera que el cerebro reptiliano y límbico van a ser los que tomen la decisión por encima de tu razón, en la mayoría de los casos.

⇒ **El cerebro límbico va a tomar la decisión por encima de tu córtex en la mayoría de los casos**

Si estás todavía intentando adelgazar, entenderás que de qué te estoy hablando. Por más que tu cerebro racional sepa que no debes comerte ese delicioso croissant, tu cerebro reptiliano se lo va a devorar.

No obstante hay una manera de controlar el cerebro emocional, en palabras del profesor de la cátedra de psicología de la Universidad del Sur de California Dr.Antonio Damasio "la razón y la emoción se intersecan en las cortezas prefrontales ventromedianas y que también se intersecan en la amígdala" (El error de Descartes, 1995). Es decir, la estructura cerebral que tienes por encima de los ojos y por debajo del lóbulo prefrontal (situado tras la frente) puede controlar las reacciones del cerebro emocional.

Si consigues dominar tu cerebro emocional, ¡enhorabuena!, eso se llama inteligencia emocional. No es nada sencillo controlar las emociones y va a depender mucho de las experiencias pasadas de cada uno. Pero ten muy presente que en la mayoría de los casos va a predominar tu cerebro emocional, el reptil que llevamos dentro.

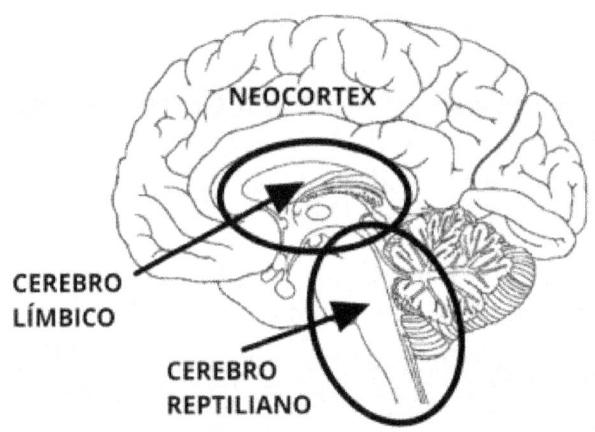

Cerebro triuno: neocortex, cerebro límbico y cerebro reptiliano

StoryTelling: la hora de comer

¿Recuerda cuando eras niño y te sentabas en la mesa con mucha hambre dispuesto a devorar un delicioso plato de pasta que tu madre te había puesto justo delante?, humeando todavía por el calor, con el tomate jugoso y gratinado con queso por encima… En ese momento, justo cuando metes el tenedor en el plato tu madre te da un grito: "¡no puedes empezar todavía!, hay que esperar que los demás se sienten". El esfuerzo que hacíamos para controlarnos sin llevarnos el tenedor a la boca era inmenso, intentando distraernos con otras cosas para no caer en la tentación hasta que todos se habían sentado.

Si no tienes esa costumbre te recomiendo esperar a que los que te suelen acompañar en tu comida se sienten a comer antes de que tú comiences. Este ejercicio es muy recomendable para desarrollar tu inteligencia emocional, ya que tu estructura cerebral que controla las emociones trabaja a toda máquina y se entrena duramente.

EL CEREBRO REPTILIANO

Está compuesto por el tallo cerebral y el cerebelo. Regula las acciones básicas de supervivencia, como la respiración, ritmo cardíaco, y procesos relacionados con la ubicación del sonido y el equilibrio. Básicamente esta estructura cerebral nos mantiene con las constantes vitales mínimas para no morir, si no tuvieras este proceso automático se te podría olvidar respirar.

EL CEREBRO LÍMBICO

Está compuesto por las estructuras cerebrales tálamo, hipotálamo, hipocampo y la amígdala, entre otras estructuras. Está enfocado igualmente en la supervivencia del individuo y es el que va a producir las emociones que nos van a dictar nuestra conducta frente a estímulos externos: el miedo, la tristeza, la alegría, el asco, la ira y la sorpresa. Este cerebro también es llamado cerebro mamífero por las implicaciones de emociones complejas que en él se producen propias de mamíferos.

EL CEREBRO CÓRTEX

Es la capa exterior del cerebro que cubre los hemisferios cerebrales. Este cerebro es el que nos distingue de otras especies y por el que desarrollamos capacidades propias de nuestra especie como la lógica, la planeación, el lenguaje, o la creatividad. También regula las emociones basadas en las interpretaciones de estímulos externos, lo que nos permite tener no solo una reacción automática emocional de estímulos externos sino aprender de la experiencia y responder de otra manera ante un nuevo estímulo.

Los Otros Dos Cerebros

El cuerpo además de tener neuronas en el cerebro dispone de

neuronas en otros dos órganos: el corazón y el aparato digestivo (estómago, esófago e intestino). Aunque es inapropiado llamar cerebros a estos órganos lo que sí es cierto es que tienen una gran influencia sobre el comportamiento debido a los neurotransmisores que se generan en su interior y que por tanto influyen de manera decisiva en nuestro comportamiento. De alguna manera tienen una respuesta automática a estímulos a modo de cerebro límbico, pero no genera ningún pensamiento, aunque los influyen e inducen.

"El corazón tiene razones que la razón desconoce"
- Blaise Pascal (1623-1662),
matemático, físico, teólogo católico, filósofo y escritor francés-

Tengo una corazonada

El corazón tiene alrededor de 40,000 neuronas, siendo el 65% de las células del corazón células nerviosas. El corazón tiene una función primordial: participa en la regulación de nuestro equilibrio emocional. Lo consigue inhibiendo el estrés al priorizar la producción de hormonas, como la ANF precursora de la oxitocina, hormona asociada con comportamientos cariñosos y amorosos. De esta manera el corazón actúa como una glándula endocrina que se coordina con el cerebro.

Además el corazón tiene una comunicación electromagnética muy potente, 5.000 veces superior al cerebro variando su campo electromagnético en función de las emociones que sintamos. El campo electromagnético puede detectarse a varios metros alrededor del cuerpo. Según Ph.D. Rolin McCratey[19], director de investigación en el Instituto HeartMath, nuestras emociones alteran o regulan el campo electromagnético que genera nuestro corazón.

⇨ **Cerca de una persona podemos percibir el campo magnético que genera su corazón**

StoryTelling: Josh y su perro Mabel

Josh y su perro Mabel. La empresa HeartMath realizó un experimento con un chico de 15 años llamado Josh y su perro Mabel los cuales se tienen un gran sentimiento de cariño. En el experimento el perro y Josh están en cuartos separados y sus corazones latían a ritmos muy diferentes. En un momento dado Josh entra en el cuarto donde está el perro, sin que haya contacto físico entre ellos. En ese momento el corazón de ambos comienza a latir de manera equilibrada y coherente en sincronía.

Según el Instituto se cree que esta sincronización de los corazones general un campo energético que facilita la conexión de ambos, favoreciendo las relaciones sociales.

Corazones sincronizados en coherencia

Nudos en el estómago

El aparato digestivo está cubierto por una red de 100 millones de células nerviosas. Esta red neuronal produce hasta el 90% del neurotransmisor serotonina, también llamada hormona de la felicidad, que está ligado con estados de ánimo positivos y negativos, la regulación del sueño y los niveles de agresividad, además de regular la digestión. Imagínate lo importante que es tener el intestino sano, que es donde se produce tu serotonina, tu felicidad. Por eso hay que cuidar la alimentación comiendo frutas y verduras regularmente.

No es de extrañar que comer nos dé una sensación plena de satisfacción y que nos entre sueño después de la comida, sobre todo si comemos hidratos de carbono, ya que la ingesta de hidratos genera serotonina (ahora ya sabes por qué adoras la pizza) y melatonina.

Tenemos que ser conscientes de que un bajo nivel de glucosa en sangre hace que el cerebro libere hormonas que incrementarán la glucosa, siendo dos de esas hormonas la epinefrina y el cortisol, por lo que el hambre que nos hace reaccionar de manera agresiva para lograr los azúcares a través de los alimentos que hemos de conseguir con urgencia. Estas hormonas son compensadas con la serotonina que calma nuestra agresividad una vez que hemos ingerido alimentos y nos produce dopamina.

⇒ **No le intentes vender nada a un cliente si tiene hambre, ¡a no ser que sea comida!**

Los Hemisferios Del Cerebro

Además de la partición del cerebro en tres cerebros con funciones muy diferentes a su vez el cerebro se divide en dos hemisferios, siendo el hemisferio izquierdo responsable del lenguaje literal y disciplinas propias de ciencias, lógica y matemáticas, mientras que el hemisferio derecho se encarga de la creatividad, las artes, poesía y la interpretación del lenguaje metafórico.

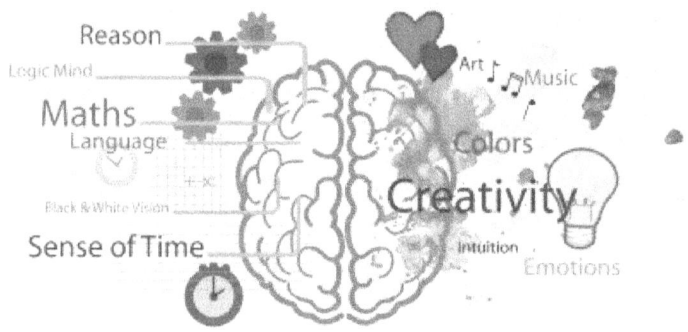

Hemisferios del cerebro y sus principales funciones.

Según un estudio de la Universidad de Pensilvania[14] en 2013 entre 949 estudiantes entre 18 y 22 años, los hombres relacionan mejor dentro de cada hemisferio independiente, mientras que las mujeres relacionan mejor entres los dos hemisferios. Por eso los hombres hablamos normalmente de un solo tema a la vez mientras que las mujeres pueden relacionar múltiples temas en su conversación. Esto puede ser porque la estructura cerebral que une ambos hemisferios, el cuerpo calloso, es más grande en mujeres que en hombres lo que favorece la comunicación entre ambos hemisferios.

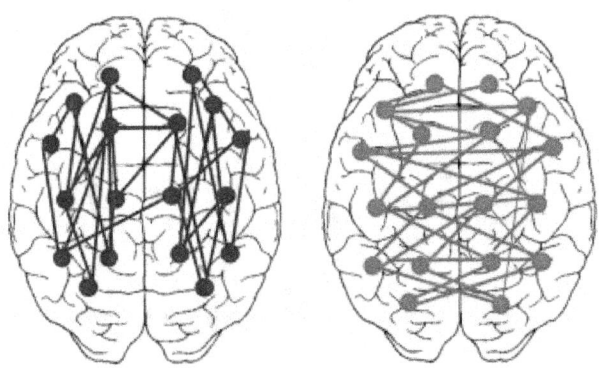

Actividad cerebral de un hombre (izda.) y de una mujer (dcha.)

EL PROCESO DE
LA ATENCIÓN

L a atención es un factor altamente importante dentro del proceso de venta, ya que sin ella no es posible transmitir un mensaje a nuestros clientes potenciales. Según el modelo de atención de Michael Posner y Petersen[2] disponemos de tres redes neuronales en el cerebro que atienden a tres tipos diferentes de atención diferente. Además de estas tres redes tenemos otra red neuronal que entra en operación cuando divagamos o estamos distraídos. Estas redes no funcionan simultáneamente, sino que el cerebro estará operando con una u otra dependiendo del nivel de alerta. Vamos a ver las redes por su nivel de alerta del cerebro.

RED DE ALERTA O VIGILANCIA: compuesta por el Sistema Activador Reticular Ascendente (SARA) este sistema se encarga de mantener un proceso de vigilancia durante el día para procesar información y es capaz de iniciar una rápida elevación del estado de emergencia.

RED DE ORIENTACIÓN VISUAL: compuesto por el Sistema Atencional Posterior (SAP). Este sistema se encarga de enfocar la atención visual en algún evento que nos interesa o del que voluntariamente queremos obtener más información.

RED EJECUTIVA CENTRAL: está conformado por el Sistema Atencional Anterior (SAA), este sistema se encarga de inhibir estímulos externos que nos pueden distraer de una atención que nos interesa sostener, es decir, la concentración.

RED POR DEFECTO: Cuando nuestro cliente ha perdido la atención y ha dejado de operar con la red ejecutiva central el cerebro dispone otra red que se ejecuta alternativamente denominada Red por Defecto, que opera cuando simplemente estamos dejando divagar nuestra mente o estamos distraídos.

Durante el proceso de venta vamos a pasar por todos los estados: primero le llamaremos poderosamente la atención (alerta), después enfocará tu atención en lo que le mostramos (orientación visual), posteriormente si le interesa se concentrará en conocerlo mejor (red ejecutiva), y si no conseguimos retener su atención se distraerá y perderemos su atención (red por defecto). No podemos mantener el estado de alerta/emergencia durante mucho tiempo porque el cliente entra en estado de ansiedad, y preferirá evitarlo. Por ejemplo, podemos poner un producto que se esté moviendo en un supermercado para llamar la atención, pero si se moviera demasiado deprisa la gente huiría del lugar.

⇒ **Sostener la concentración de nuestro cliente es muy difícil, hay que alternar momentos de atención con distensión, de otra manera tu cliente comenzará a pensar si cerró la puerta de casa**

StoryTelling: Arquímedes en la bañera

En mis mozos tiempos en los que iba al colegio recuerdo que estábamos todos los alumnos en clase atendiendo al profesor, que estaba explicando apasionadamente el principio de Arquímedes: cómo un cuerpo sumergido en un fluido experimenta un empuje vertical hacia arriba igual al peso del fluido desalojado. Tras varios minutos explicando el concepto me visualicé cuando me metía en una bañera y me sentía flotar en el agua, como si mi cuerpo pesase menos dentro de la bañera, mirando al techo e imaginándome en ese estado tan relajante. De repente el profesor me espetó "¡Marcos, pon atención a la pizarra!". No sé en qué momento mi Red Ejecutiva se desactivó y entró en funcionamiento la Red por Defecto distrayéndome completamente de las explicaciones del profesor.

La Red Por Defecto Nos Estresa

Cuando vivimos el presente estamos usando nuestra red ejecutiva central. Es en la que estamos concentrados en lo que hacemos o lo que sentimos. Cuando empezamos a divagar (red por defecto) corremos el riesgo de sufrir dos vicios que tiene nuestra Red por Defecto: una deprimirnos por nuestro pasado y dos preocuparnos por nuestro futuro. Así que cuando estés muy preocupado o deprimido pregúntate si tu cerebro no te está saboteando tu felicidad preocupándote por cosas que tal vez ni sucedan. Por eso se dice que, si quieres ser feliz, has de vivir el momento (Red Ejecutiva Central).

Atención Plena O Mindfulness

Lo que conocemos como meditación, atención plena o mindfulness consiste en justamente entrenar la Red Ejecutiva Central manteniéndola concentrada y atenta en una actividad mental, ya sea contar números, escuchar tu respiración o estar atento a los ruidos externos. Esto también se llama vivir el presente, estar en el ahora. Se ha comprobado que la práctica de la meditación produce más materia gris en el hipocampo y reduce las neuronas en la amígdala, que es la que dispara el miedo,

Según el Institute for Psychological Research and Leiden Institute for Brain and Cognition[3] la meditación nos da mayor control sobres nuestras reacciones emocionales: aumento de la concentración, la creatividad y la resiliencia, reducción de estrés, mejora de la empatía, la memoria, la compasión y el aprendizaje.

⇨ **Meditar te ayudará a tener más control sobre tus emociones y sobre tus ventas, y ¡es gratis!**

LA MEMORIA

"Todo aprendizaje tiene una base emocional".

-PLATÓN (428-427 A.N.E), FILÓSOFO GRIEGO-

En realida, hablar de la memoria es incorrecto, deberíamos hablar de las memorias porque lo que llamamos memoria se puede disociar en varios tipos de memoria que funcionan unas muy diferentemente respecto de las otras.

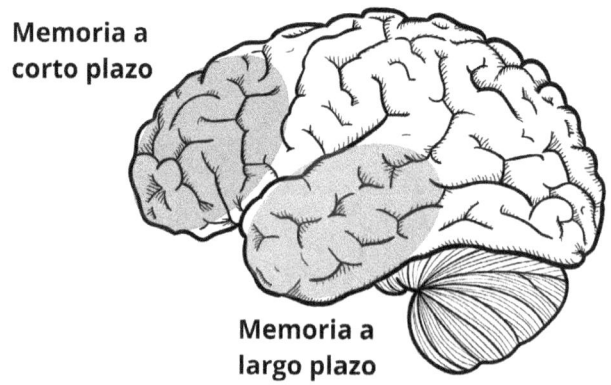

Lóbulo frontal (memoria a corto plazo)

y lóbulo temporal (memoria a largo plazo)

Memoria A Corto Plazo

La memoria a corto plazo, o memoria de trabajo, es la que nos permite almacena unos datos, palabras, sonidos, imágenes durante un breve espacio de tiempo para procesar esta información, que más o menos oscila entre 20 y 30 segundos. En un artículo de 1956 del psicólogo George Miller[10] declara que la memoria de trabajo tiene una capacidad de almacenar siete elementos más/menos dos, habiendo personas que puede recordar 9 y otros 5.

La pequeña capacidad de nuestra memoria a corto plazo se puede optimizar mediante la técnica de chunking o fragmentación, que consiste en dividir la información en fragmentos para recordarlos mejor. Por ejemplo, el número 3655321478 lo podemos dividir en tres fragmentos 365, 532 y 1478, lo cual será más fácil de recordar.

⇒ **A tu cliente le puedes presentar varias opciones de compra, pero procura que no sean más de 3, si no tendrá dificultad de recordarlas**

Memorias A Largo Plazo

En 1949 Endel Tulving huyó de su nativa Estonia hacia Canadá a la edad de 17 años, antes de que fuese invadido durante la Segunda Guerra Mundial por la Unión Soviética. En Canadá comenzó sus estudios de psicología en la Universidad de Toronto, donde su trabajo sobre la memoria le llevó a proponer un modelo de múltiples memorias, que es aceptado hoy ampliamente.

Este modelo está compuesto por varias memorias que se desarrollan a largo plazo: la memoria semántica, memoria perceptiva o de representación porcentual, la memoria episódica y la memoria procedimental

Memoria Semántica

Esta memoria es la que nos permite recordar conceptos que necesitamos para entender la realidad y conocimientos generales que nos ayudan a relacionarlos, como puede ser las características que definen lo que es una silla, y que Madrid es la capital de España por ejemplo. Este tipo de memoria está muy ligado al lenguaje que es la representación de estos conceptos.

Memoria Perceptiva O Sistema De Representación Perceptual (Priming)

La memoria perceptiva es la encargada de relacionar todos los componentes de un concepto o conocimiento hasta el punto de poder identificarlo solamente a partir de una parte del concepto. Si por ejemplo vemos unas curvas reconocidas sobre un fondo rojo podemos rápidamente identificar la marca Coca-Cola sin necesidad de ver el logo completo. Este tipo de identificación también se conoce como priming.

La memoria priming nos permite reconocer un logo solo con ver partes de él.

Memoria Episódica: Los Recuerdos

La memoria episódica es que la que relaciona eventos de manera consecutiva en el tiempo, de forma que se compongan historias. Es increíble la eficacia de esta memoria que contiene las historias que hemos vivido y que nos han contado, ya que pueden perdurar con nosotros muchos años. Esta es la memoria en la que se basa la técnica de StoryTelling. Para muestra, un botón:

StoryTelling: el susto

En una ocasión que llevaba prisa por ir a un lugar donde me estaban esperando me subí a mi coche y encendí el motor rápidamente para salir volando. ¡De repente un sentimiento de alerta me paralizó! Mi pie se quedó congelado en el acelerador como si no lo pudiera pisar y mi corazón latía profusamente sin entender qué estaba pasando. Miré a mi alrededor y vi un señor que venía corriendo hacia el coche con urgencia. Cuando llegó a la parte frontal del mismo se agachó y levantó un niño pequeño que estaba agachado delante del coche, ¡Casi le atropello!, si no hubiera sido por esa extraña sensación que me invadió habría cometido un terrible accidente. Aquella escena nunca se me olvidará, y a ti querido lector, probablemente tampoco.

⇒ **Convierte las características importantes de tu producto en historias impactantes y cuéntaselas a tus clientes**

Memoria Procedimental

La memoria procedimental es la que almacena cada acción a realizar de ciertos procesos, como puede ser montar en bicicleta o conducir. Cuando aprendemos a conducir tenemos que estar pendientes del freno, el acelerador, el intermitente, mirar al espejo, etc... y realizar innumerables tareas para coordinar la correcta conducción del coche. Con el tiempo aprendemos cada movimiento que realizamos de manera inconsciente de manera automática, de manera que podemos ir conduciendo y hablando al mismo tiempo. Prácticamente nuestro inconsciente es el que conduce el coche, mientras podemos usar nuestro consciente para tener otros pensamientos.

Esta memoria es muy importante para poder crear patrones que por ejemplo ayuden a nuestros distribuidores a recordar las referencias de los productos en el catálogo, creando reglas que se puedan recordar fácilmente. Por ejemplo, una referencia puede ser CLAS-39-NG, donde CLAS puede ser el modelo de zapato "clásico", 39 la talla y NG el color negro.

El problema cuando queremos vender es que el cliente ya tiene el hábito de llamar a su proveedor de siempre. Conseguir crear el hábito de que el cliente nos llame a nosotros es el reto más importante en ventas.

⇒ **En muchos casos nuestra competencia es el hábito que tiene el cliente de llamar al mismo proveedor.**

Nuestros Recuerdos No Son Reales

Aunque parezca mentira los recuerdos que tenemos en muchos casos están alterados por nosotros mismos, es decir, son en parte falsos. Como diría la psicóloga norteamericana dedicada al ámbito de la memoria humana, Dra.Elisabeth Loftus, cada vez que sacamos de nuestra biblioteca mental un recuerdo y lo volvemos a guardar lo hemos alterado. Se pueden incluso crear recuerdos que pensemos que son reales cuando en realidad los hemos creado a partir de lo que creemos que vivimos.

StoryTelling: la implantación de recuerdos

En un experimento llevado a cabo por la psicóloga germano-canadiense Julia Shaw[11], se entrevistó a 100 personas en lo que se suponía que era un estudio sobre la memoria. Pero en realidad el experimento trataba de implantarles un recuerdo que nunca habían tenido.

En cierto momento de la entrevista se le decía a una chica que cuando era joven había iniciado una pelea con un vecino y se le daban detalles del lugar donde vivía y con quien estaba para que fuese más creíble, esos datos eran los únicos reales. También se le decía que la policía había llamado a sus padres a raíz de este incidente, y se le preguntaba sobre lo que recordaba de él. La chica responde que no recordaba y entonces se le hace un ejercicio de pensar en la edad, el lugar y la persona con la que estaba, creando la situación para visualizarla fácilmente, y después que pensara si recordaba los hechos.

Aunque la chica decía no recordar lo que había sucedido, en la siguiente entrevista declara que creía recordar lo que había sucedido vagamente. Julia Shaw consiguió implantar el recuerdo en el 70% de los participantes, demostrando que se pueden implantar recuerdos en la mente

⇨ **No te fíes de su propia memoria, a todos nos falla**

NEURONAS ESPEJO Y EMPATÍA

"Sonríele a la vida y la vida te devolverá la sonrisa"

– ANÓNIMO -

L as neuronas espejo es el mecanismo por el cual las demás personas son capaces de sentir lo mismo que estamos sintiendo nosotros, y al revés, sentimos lo mismo que sienten otras personas.

StoryTelling: los macacos y el helado

En 1988 un grupo de neurocientíficos dirigidos por el galardonado con el premio Príncipe de Asturias, Giacomo Rizzolatti en la Universidad de Parma (Italia), realizaba un experimento para estudiar la respuesta neuronal a la presión que ejercen los dedos al sujetar un objeto. Para este estudio se usaron unos macacos a los que se les colocó unos sensores en el cuero cabelludo para medir la excitación eléctrica de las neuronas.

Durante el estudio se constató que el área prefrontal se excitaba cuando el macaco asía con precisión un objeto, mientras que al sujetarlo con la mano entera la respuesta neuronal era diferente.

En un momento del estudio un estudiante entró en la sala donde estaban los monos comiendo un helado y la señal acústica que avisaba de la activación de los sensores F5 del mono sonó sin que éste hubiera movido un solo dedo.

Para verificar que se trataba de un error volvieron a repetir el experimento, y no solo se dieron cuenta de que no era un error, sino que constataron que las neuronas no solamente se activan cuando hacemos una actividad, sino también cuando vemos hacerla.

Este mecanismo de las neuronas espejo hace que sintamos lo que sienten otras personas, aunque no nos suceda a nosotros. Es el culpable de lo que llamamos empatía, de que riamos cuando los demás se ríen, o se nos contagie el bostezo. También de que suframos cuando un hijo nuestro se cae y se hace daño, o de que pongamos sintamos asco cuando vemos que alguien se trata un insecto y pone cara de asco. Este sistema de activación neuronal es posiblemente el que nos ayuda a aprender mediante la imitación, y el que nos da conciencia de sociedad al sufrir cuando sufre un miembro de nuestra manada.

Grupo de amigos con risa contagiosa

StoryTelling: la magia del cine

Cuando Tom Cruise, en su entrega de Mission Imposible: Rogue Nation, se agarra de la puerta de un avión por fuera mientras despega podemos sentir el vértigo de la altura y la fuerza del viento en la cara del espía que encarna Tom, Ethan Hunt.

La adrenalina invade nuestro cuerpo al ver que Tom está a punto de caer. Su compañero, que se encuentra camuflado en una pradera con una computadora con la que controla el avión de forma remota, se equivoca al abrir la puerta del avión abriendo la compuerta trasera y una sensación de desesperación nos invade. Finalmente su compañero consigue abrir la puerta correcta y Tom consigue entrar en el avión y salva su vida, haciéndonos sentir un gran alivio.

Es increíble cómo podemos sentirnos como si fuéramos nosotros los que estamos colgando de la puerta del avión y arriesgando la vida, mientras estamos cómodamente en la butaca de un cine comiendo palomitas. Todo esto se lo debemos a nuestras neuronas espejo.

El Vendedor Transmite

Para un vendedor este sistema es esencial durante el proceso de venta porque , como te sienta el cliente, de la misma manera se sentirá él. Si te comportas de una manera energética, seguro, motivado, positivo y entusiasta le contagiarás al cliente los mismos sentimientos, lo que favorecerá que tome decisiones de compra motivado por tu entusiasmo. Si por el contrario te sientes dubitativo, pesimista o deprimido igualmente el cliente percibirá este sentimiento y sentirá la misma duda de comprar tu producto.

Por mucho que pretendamos disimular nuestros sentimientos nuestro lenguaje no-verbal es demasiado eficaz, el cliente percibirá lo que sentimos, aunque digamos con la boca lo contrario.

⇨ **Un vendedor ante todo ¡debe transmitir confianza y energía positiva!.**

MAPAS MENTALES

¿De qué estábamos hablando?

Un compañero de trabajo me estaba contando que su coche se le avería a menudo, que la marca del vehículo no es muy fiable, y la última vez que se le averió fue durante sus vacaciones en la playa de Valencia, donde por cierto me comentaba que la paella era exquisita. -posiblemente por las gambas o camarones de Huelva en la costa andaluza, que tienen fama de ser exquisitos, recordaba en voz alta. Y proseguía. - Esto es por la riqueza marina de la costa, que le da un sabor muy particular a este marisco tan apreciado. Al estar junto al estrecho de Gibraltar las corrientes marinas les dan unas características muy particulares a las aguas de la costa.

¿Pero cómo hemos pasado de hablar de la calidad de un coche a las corrientes marinas? Seguramente también te ha pasado en multitud de ocasiones comenzar a hablar de un tema y terminar con otro que no tiene nada que ver con el primero, bueno, en realidad sí, tienen que ver a través de esa línea de asociaciones de conceptos que han ido trazando durante la conversación.

Este es el principio de lo que es un mapa mental en el que, como si de un árbol se tratara, los temas se van ramificando y asociando entre sí hasta formar una extensa red de conceptos vinculados. A un conjunto de conceptos vinculados lo llamamos "constructo".

Por ejemplo, si tomamos un tema troncal como la salud, lo podremos relacionar con la comida sana, con el gimnasio y con las vitaminas, pero difícilmente lo asociaremos con el cinturón de asteroides ubicado entre Marte y Júpiter, a no ser que seas astronauta.

Busca Buenos Socios

En nuestro proceso de ventas tenemos que asegurarnos de que el cliente asocie nuestro producto con cualidades que sean propicias para que prefiera comprarlo, como puede ser calidad, buena relación calidad precio, durabilidad o amigable con el medio ambiente, lo cual en gran parte es tarea del departamento de Marketing.

Nosotros, como vendedores, también podemos buscar una asociación positiva personal con nuestro cliente, como por ejemplo haber estudiado en la misma universidad donde compartieron profesores, o ser aficionados del mismo equipo de fútbol. Cuando el cliente te vea llegar con él su subconsciente se acordará de los buenos tiempos en la universidad, y no podrá evitar esbozar una sonrisa.

⇨ **Busca una buena asociación para tu producto, tu cliente necesita clasificar tu producto.**

Mapa mental del constructo SALUD

EL CONSCIENTE Y EL SUBCONSCIENTE

"Hasta que lo inconsciente no se haga consciente, el subconsciente seguirá dirigiendo tu vida y tú le llamarás destino."

- CARL GUSTAV JUNG (1875-1961), PSICÓLOGO SUIZO -

El poder que nos confiere la consciencia de poder razonar y llegar a conclusiones lógicas nos da la irreal sensación de que con este proceso de pensamiento controlamos la mayoría de nuestros actos y decisiones.

Lejos de ser cierto, en realidad el subconsciente es el responsable en un 95-99% de nuestra actividad cognitiva y por tanto controla la mayoría de las decisiones, acciones, emociones y comportamientos (Szegedy-Maszak, 2005).

Mientras que nuestra mente consciente apenas es capaz de realizar algunas tareas simultáneas (y es adicto a realizar solo una a la vez), la mente subconsciente procesa todos los estímulos que recibimos, separa los importantes y activa los procesos correspondientes de atención y reacción, mientras conducimos y masticamos chicle a una velocidad infinitamente mayor que el consciente.

Como dice el Dr.Bruce Lipton[21] el inconsciente es millones de veces más poderoso que el consciente.

StoryTelling: con el piloto automático

Un día de invierno iba conduciendo hacia casa preocupado porque nos había llegado una factura de agua del gobierno por una cantidad desorbitada. Tenía que averiguar si había sido un error o si tenía una fuga en las tuberías de la casa o en alguno de los baños. Estaba tomando lecturas del medidor de agua todos los días y no parecía que hubiera fugas, pero de repente se disparaba el consumo de agua. Cuando detuve el coche me di cuenta de que ¡había llegado a mi antigua casa! Y es que mientras yo iba pensando en mis preocupaciones mi subconsciente me había llevado adonde me había estado llevando durante tantos años. Parece que yo conducía el coche, pero en realidad era mi subconsciente el que tenía el control del volante.

Parálisis Por Análisis

El proceso lógico que aplica el cerebro consciente es el análisis de todas las variables posibles para tomar una decisión. Si solo analizásemos las variables de una manera fría nos costaría llegar a una conclusión y dependiendo de la complejidad del problema, dándose el efecto que llamamos parálisis por análisis.

Para salir de este proceso de decisión la mente, según el Dr.Antonio Damasio[12] , recurre a los marcadores somáticos, que son emociones de segundo grado las cuales indican a nuestro cerebro qué decisiones son las que nos pueden perjudicar y cuales nos pueden favorecer, reduciendo de esta manera el número de soluciones posibles.

⇒ **Si en el supermercado te quedas bloqueado viendo productos confía en tu intuición, ella sabe lo que quieres**

"Antes que nada sé verídico para contigo mismo. Y así, tan cierto como la noche sigue al día, hallarás que no puedes mentir a nadie".
- William Shakespeare (1564-1616), escritor británico -

¿Es Más Potente La Mente Consciente O La Mente Inconsciente?

Depende para qué, sin duda si se trata de resolver un problema matemático recurriremos a nuestra mente racional, pero desde que René Descartes pronunció su famosa frase "Pienso, luego existo" la parte inconsciente y emocional de nuestro comportamiento ha sido considerado como poco relevante y más propio de animales que de seres humanos.

En cambio, estudios recientes han concluido que nuestro inconsciente funciona mucho más rápido que nuestro consciente. En lo que tratamos de averiguar cómo es una persona nuestro inconsciente con solamente un par de gestos y movimientos ya ha determinado su personalidad basada en experiencias pasadas. Estos juicios los podemos llamar prejuicios, que tienen un fundamento basado en la experiencia, y las conclusiones que sacamos las llamamos intuiciones.

Es increíble como nuestro inconsciente con muy pocos datos es capaz de sacar conclusiones muy precisas. Y nuestra mente le va a hacer más caso a esa intuición que al razonamiento que podamos hacer, porque el fundamento de la intuición está basado en principios de supervivencia, y eso es lo primordial para nuestro cerebro.

El psicólogo y director del Instituto Max Planck para el Desarrollo Humano, Gerd Gigerenzer[13] sostiene que la intuición es el grado más alto de inteligencia. De toda la información que recibimos el inconsciente es capaz de clasificar y discernir cual es la importante para nosotros, eliminar lo irrelevante a una velocidad sorprendente y tomar decisiones antes de que seamos consciente de ello. Llámalo corazonada.

Una persona te puede decir muchas cosas, pero que le creas o no depende no solamente de sus argumentos sino de su lenguaje corporal, de su tono y ritmo de voz, de la forma de mirar...

⇨ **Si el lenguaje corporal de una persona no está alineado con su mensaje, probablemente no le creerás**

"Locura es hacer lo mismo una y otra vez esperando obtener resultados diferentes". -Anónimo-

Somos Autómatas Biológicos

Nuestro inconsciente está compuesto por un conjunto de programaciones que son aprendizajes que hemos ido acumulando a lo largo de nuestra vida, y los cuales ya incluso olvidamos en su mayoría o simplemente no somos conscientes.

Estos hábitos y creencias las aprendemos por repetición y otras inducidas por nuestro sistema de supervivencia. Como ejemplo de repetición tenemos los hábitos que hemos vivido a lo largo de nuestra vida. Si nuestros padres leían en la cama posiblemente nosotros también lo hagamos, o si por nochebuena nuestra madre cocinaba un cordero asado posiblemente también lo hagamos en el futuro. Analiza tu vida y te darás cuenta de que realizas los mismos hábitos una y otra vez. Por eso si quieres resultados diferentes, haz de hacer cosas diferentes.

Un Origen Del Infortunio

En muchas de nuestras casas nuestra madre nos decía que hay que lavarse las manos después de coger el dinero porque el dinero es sucio. Posiblemente por esto nuestro subconsciente nos haga rechazar el dinero en el futuro.

Lo mismo sentiremos si nos dijeron que la familia se separa por el dinero o que los ricos son ricos porque han hecho algo ilegal (y por tanto si eres rico, eres malo).

Todas esas declaraciones quedan en nuestro cerebro grabadas y cuando crecemos y vemos que la fortuna no nos sonríe, nos preguntamos una y otra vez que estamos haciendo mal, y es que de alguna manera nos programaron para no acumular fortuna. Nuestro inconsciente puede hacer que nos comportamos de tal manera que nos alejemos de la prosperidad.

Repetir, Repetir, Repetir

Esta programación que adquirimos a lo largo de la vida incita a nuestro cerebro a repetir siempre los mismos comportamientos, o lo que es lo mismo, mantenerse en un entorno de seguridad. Detente un momento a analizar tu vida diaria: compras los mismos productos, vas al trabajo por el mismo camino (el más corto, claro), aparcas en el mismo sitio y cenas a la misma hora.

Y es que en nuestro cerebro plástico (por su plasticidad) agrandamos una y otra vez los mismos caminos mentales por los que pasamos y nuestro cerebro tiende a ir por esos mismos caminos. Según nos volvemos mayores estos caminos son cada vez más pronunciados y por eso con la edad nos volvemos maniáticos de hacer las cosas siempre de la misma manera.

⇒ **Reprogramemos nuestra mente: repite conmigo una y otra vez, ser rico es bueno, ser rico es bueno, ser rico es bueno…**

¿Cómo Logramos Reprogramar Nuestro Subconsciente?

Gran parte de nuestra programación subconsciente está formada por creencias que en el trasfondo tienen un fundamento basado en los valores en los que nos hemos desarrollado a través de nuestra familia y nuestro entorno. Si detectamos creencias que tenemos que, lejos de ayudarnos, nos perjudican podemos trabajar en modificar estas creencias.

Actualmente hay muchas técnicas que se emplean para modificar nuestra programación subconsciente, como por ejemplo las técnicas de Programación Neurolingüística. Muchas de las técnicas emplean la relajación e hipnosis para que nuestro cerebro, trabajando en frecuencias más bajas, adopte más rápidamente las nuevas creencias. También hay técnicas que trabajan la reprogramación con nuestro cerebro en estado despierto en frecuencias Beta, como por ejemplo el Método Integra de Ricardo Eiriz.

"Cuando los locos seamos más, los locos serán ellos". - Anónimo-

El Inconsciente Colectivo

El médico y psiquiatra Gustav Jung definió el inconsciente colectivo como un grupo de patrones de comportamiento que están forjados por la sociedad en la que estamos inmersos. De alguna manera nos comportamos conforme a la cultura en la que nos desenvolvemos. Este código de cultura es muy importante para que seamos considerados como una persona "normal". Cuando viene una persona a nuestro entorno de otro país u otra cultura nos llama la atención su comportamiento porque no es conforme a lo esperado dentro de nuestro entorno, y en cambio puede ser hasta que nos guste más su manera de hacer o decir las cosas.

Derivado de este concepto de inconsciente colectivo también se ha desarrollado el concepto de inconsciente colectivo familiar, como aquel comportamiento heredado de nuestra familia y que forma parte de nuestra personalidad.

La Razón Justifica Las Decisiones Emocionales

Como ya posiblemente has podido vislumbrar por mucho que tengamos la creencia de que compramos racionalmente es en realidad nuestro subconsciente en la mayoría de las ocasiones el que toma la decisión, aunque luego justifiquemos esta decisión racionalmente. Y en ocasiones va a suceder que aunque, nuestra razón quiera un producto, nuestro subconsciente nos impida comprarlo, y al revés, que sin querer gastar dinero nos veamos una y otra vez comprando productos que no necesitamos.

⇒ **El cerebro racional justifica las decisiones que toma nuestro cerebro emocional**

StoryTelling: la camioneta pick-up

En una ocasión me encontré con un amigo que se acababa de comprar una flamante nueva camioneta pick-up de gran tamaño. Le pregunté que por qué se había comprado ese vehículo tan grande y me comentaba que al ser tan alto la posición del conductor tenía muy buena visibilidad de lo que sucedía delante cuando iba en carretera, y eso le confería más seguridad a su conducción.

Le pregunté si prefería conducir esa camioneta pick-up o preferiría llevar un Ferrari, que como es bien conocido son muy bajitos. Él me dijo que sin ningún género de duda prefería el Ferrari. De repente la razón "racional" de la visibilidad no era tan importante, en realidad el motivo de su compra era sentirse poderoso en su vehículo, y el Ferrari le ganaba en eso a la pick-up.

⇒ **Pregúntale a tus amigos por qué tienen ciertos productos, e intenta discernir entre su razón "racional" y su razón emocional**

Un Mensaje Para Cada Cerebro

Ya has podido conocer que las decisiones las toma el subconsciente y la emoción, pero que después estas decisiones el cerebro racional tiene que justificarlas. Por tanto, cuando prepares tu discurso de venta recuerda motivar a tu cliente mediante emociones, pero también darle argumentos racionales para que justifique su decisión. Cuantas más razones "racionales" le des a tu cliente más dispuesto estará a comprar tu producto, ya que le estás dando argumentos para justificar su compra, aunque su subconsciente ya lo haya comprado.

⇒ **Has de preparar los dos mensajes para tu cliente, el racional y el emocional**

EL IMPACTO DEL VENDEDOR

"No es necesario hacer cosas extraordinarias para tener resultados extraordinarios".

-WARREN BUFFETT (1930), INVERSOR ESTADOUNIDENSE-

El vendedor es uno de los contactos más importante que tiene un cliente con una empresa. Su buen hacer tendrá una influencia determinante sobre la decisión de compra del cliente, tanto positiva como negativamente. Por eso hay ciertas consideraciones que un vendedor ha de tener muy presentes a la hora de tener un contacto directo con sus clientes.

Confianza

Para que un vendedor consiga su objetivo de vender lo primordial es ganarnos la confianza de nuestro público. Sin confianza no hay venta, a no ser que no haya más alternativas de productos o servicios. Esta es una condición necesaria para el cliente. Si no consigues la confianza de tu cliente puedes intentar cualquier cosa, pero no lograrás la venta, a no ser que no haya más opciones o el riesgo sea bajo.

Además de un profundo conocimiento del producto y de los productos de la competencia, que le demuestren al cliente que le estás dando un asesoramiento de calidad, hay ciertas consideraciones que el vendedor puede tener en cuenta en su porte y su actitud para conseguir ganar la confianza de los clientes sin tan siquiera decir una palabra. A continuación vamos a ver cuales son.

"No puedes enseñarle nada a nadie,
solo puedes hacerle pensar"
-Sócrates (470 a.C. - 399 a.C.), filósofo griego-

Los Mensajes Directos No Funcionan

A todos nosotros nos gusta comprar, pero no nos gusta que nos vendan. Cuando viene una persona a vendernos, sin que a priori tengamos un interés en el producto que vende, la mayoría de nosotros nos ponemos a la defensiva. De alguna manera percibimos que viene a quitarnos algo o a aprovecharse de nosotros, con lo que adoptamos una postura reacia a escuchar y querer entender lo que la persona nos dice.

Básicamente los mensajes directos no funcionan, el cerebro los rechaza porque desconfía a priori del vendedor. El arte de vender no consiste en propiamente vender, sino en conseguir que te quieran comprar. Por eso no has de lograr que el cliente se interese por los beneficios del producto para que nazca en él el interés por comprarlo.

No es lo mismo decirle a una mujer "le ofrezco el nuevo perfume de Channel" que preguntarle "¿no quiere oler como más joven y atractiva?", un mensaje te hace sentir rechazo en principio, aunque tal vez curiosidad, y el otro le hace pensar al cliente al tiempo que evoca imágenes muy agradables para el cliente.

La Decisión Es Del Cliente

Parece de Perogrullo, pero tenemos que hacer saber al cliente que la decisión de compra es suya, de otra manera el cliente rechaza comprar. Al cliente no le gusta que le convenzas, ¡quiere pensar que la idea es suya! Por eso la comunicación hacia tu cliente no ha de ser directa, sino elaborada para su subconsciente, para que él solo llegue a la conclusión de que quiere comprarlo.

⇒ **El cliente odia que le convenzas, ¡la idea tiene que ser suya!**

Vender Sin Pretender Vender

Depende del tipo de producto y servicio que vendas, lo más adecuado para acercarte a un cliente es primero atenderle sin ánimo de venderle, sino simplemente de asesorarle. Cualquier otra actividad que puedas además llevar a cabo con el cliente, ya sea comiendo, o haciendo deporte, reforzará la confianza que el cliente te deposite, ya que no percibirá tu intención de venderle o al menos no la agresividad de arrebatarle su dinero, lo que le haría ponerse a la defensiva.

⇒ **Intenta acercarte al cliente sin pretender vende, pero no olvides luego cerrar la venta en el momento adecuado.**

"No venderé mi futuro por una ganancia puntual"
- Werner von Siemens (1816-1892). Inventor alemán -

No Arruines Un Buen Cliente

Un clásico error de vendedor es vender un producto a un cliente que sabe que no le va a servir o que le va a dar un problema por tener una venta, y con ello correr el riesgo de perder un cliente, más todos los costes que hay de captación y mantenimiento de clientes. Una frase que puedes usar para ganarte la confianza de un cliente es "prefiero no venderte a venderte algo que no te sirve", explicándole que lo que buscas es ser su asesor y tener con él una relación a largo plazo.

⇒ **Conseguir un cliente nuevo es muchísimo más caro que mantener un cliente que ya tenemos**

Rapport

Rapport es una palabra francesa que significa "crear una relación". Rapport es ese sentimiento que nos invade cuando conocemos a una persona y sentimos que tenemos mucho en común. De repente se crean unos lazos de afinidad muy fuertes entre los dos.

Esta sensación de afinidad la conseguimos mediante un ejercicio de empatía, entendiendo los problemas y de la otra persona y entrando en sintonía con sus problemas, reflexiones o sentimientos.

¿Cómo Podemos Crear Esta Afinidad?

Lo primero es que nuestro interlocutor nos identifique como alguien de su tribu. Esto lo hará basándose en sus prejuicios subconscientes. Si vas a ver a un cliente es importante que te vistas apropiadamente según el tipo de cliente, si por ejemplo es un cliente del sector financiero es muy conveniente que vistas traje, corbata y camisa lisa o a rayas, mientras que si visitas a alguien de mantenimiento será mejor que uses unos jeans con unos zapatos de seguridad y camisa a cuadros.

Si vas a tomar una cerveza con un cliente espera a ver si primero se la sirve en un vaso o si toma directamente de la botella para imitar el mismo gesto. Yendo más lejos aún, el rapport también se crea cuando adoptas los mismos gestos corporales y posturas que tu interlocutor, sin que sea demasiado evidente. Esos pequeños detalles son los que hará que te sienta dentro de su círculo de confianza. A partir de ahí ya es más fácil crear el vínculo de afinidad emocional a través de la conversación.

Prejuicios Físicos Del Subconsciente

Por razones antropológicas percibimos a un líder por su gran complexión corporal. A una persona alta y ancha y fuerte, se le percibe antropológicamente como líder de la manada. Hoy en día esa percepción ha cambiado, ya que las personas muy musculosas de gimnasio se perciben como menos intelectuales, pero en el subconsciente sigue yaciendo esa atracción por la grandiosidad corporal.

No en vano podemos observar como líderes políticos son atractivos y en muchos casos más altos que la media, como los expresidentes Tony Blair, Obama, Bush, en España Mariano Rajoy o José Luis Rodríguez Zapatero, o los actuales mandatario Pedro Sánchez en España, Jair Bolsonaro en Brasil, Nicolás Maduro en Venezuela o Xi Jinping en china. Por supuesto hay excepciones de líderes que no tienen una gran altura y han de suplirlo con un fuerte carisma, como el caso del expresidente José María Aznar o el actor Al Pacino.

Por supuesto las mujeres no son una excepción y percibimos a una mujer alta como más atractiva, razones por las que se venden tanto los zapatos con tacones o plataforma.

Esta dimensión corporal suele venir acompañada de una importante caja torácica, lo que les confiere una voz grave. Por esto mismo, una voz grave la percibimos como proveniente de un líder y por tanto le otorgamos mayor atención y confianza. La voz sí es una de nuestras cualidades físicas que podemos educar para que resulte más grave.

Curiosamente también percibimos a una persona calva o con gafas como más capaces intelectualmente, lo cual les confiere un plus de confianza sin ni siquiera tener que decir una palabra. Igualmente, una persona con canas es percibida como más sabia por su supuesta experiencia.

Prejuicios A Favor Del Vendedor

Obviamente no podemos crecer para parecer más altos, pero por ejemplo era conocido que las sillas de los vendedores en algunos concesionarios de coches estaban más alta, que las de los clientes para ser percibido como un líder confiable.

Todos estos detalles pueden ser importantes para un vendedor en cierto momento. No podemos crecer, pero sí podemos educar la voz para que sea más grave, usar unas gafas en una presentación técnica, aunque no sean necesarias en el momento, o llevar a una reunión a un técnico calvo que sea percibido como especialista. En la vida podemos percibir los prejuicios como injustos, incluso podemos luchar contra ellos socialmente, pero como vendedores nos da una gran ventaja usarlos a nuestro favor.

⇒ **Usando los prejuicios físicos a favor el cliente te percibe como una persona de confianza sin decir una sola palabra**

El Poder De Los Ojos

Los ojos para las personas son hipnotizantes. Cuando queremos saber algo importante miramos a los ojos a las personas para saber si nos mienten o nos dicen la verdad. A través de los ojos sabemos si están tristes, contentos, enfadados o estresados. La frecuencia del contacto visual de una persona nos dice mucho de ella. En una situación de peligro con un animal no le miramos las patas o el cuerpo, le miramos a los ojos para saber sus intenciones.

Por todo esto evita en la medida de los posible ponerte gafas que le impidan al cliente verte a los ojos. En el caso de lentes de sol nunca usarlas si estás con un cliente, a no ser que él también las esté usando, y si son gafas correctivas usarlas lo menos posible.

En el caso de folletos, páginas web y otros medios de comunicación hay que procurar que las personas en las fotos estén mirando hacia dentro del documento, nunca hacia fuera, porque inconscientemente miramos hacia donde mira la otra persona y la mirada nos saca del documento.

Presentaciones A Clientes Y La Testosterona

A la hora de hacer una presentación es muy importante tener suficiente experiencia y capacitación hablando en público para no ponernos nerviosos. Si no nos relajamos haciendo la presentación el cliente percibirá el nerviosismo y no tendrá confianza. Para evitar esto hay que conocer muy bien la presentación y pensar que si nos hacen una pregunta que desconocemos simplemente responder que revisarás la cuestión para responderle con precisión más adelante.

⇒ **Antes de la reunión ponte en la postura de Superman con los puños apoyados en la cadera durante 3 minutos**

¿Quién Es Tu Cliente?

Lo primero que debemos hacer cuando establezcamos una conversación o hagamos una presentación es conocer a nuestro interlocutor: quien es, a qué se dedica, qué puesto tiene, cuales son sus principales necesidades, sus intereses y todos los datos personales que podamos recabar de él nos pueden ser de ayuda, como en qué empresa había trabajado antes o cuales son sus aficiones.

Debemos adaptar nuestra presentación al cliente para que se sienta en todo momento interesado en el producto o servicio. Primero hay que explicar quienes somos, después qué ofrecemos, y posteriormente profundizar en lo que se interese el cliente.

⇒ **Conoce a tu cliente y sus necesidades lo más posible antes de hacerle una presentación**

Convertir El Monólogo En Un Diálogo

No dejes que tu discurso sea plano y se convierta en un monólogo en el que su cliente no participe. No hay nada más interesante para un cliente que contar sus propias experiencias y demostrar su valía. Deja que hable tu cliente y que convierta su discurso en una charla interesante para él (aunque a ti te aburra). Cuanto más le permitas hablar a tu cliente sobre él, más amena será la conversación para tu cliente y más sabrás tú de él.

Haz Preguntas A Tu Interlocutor

En presentaciones a clientes una buena técnica estar haciéndoles preguntas frecuentemente sobre lo que expones para mantener su atención, eso les hará estar permanentemente pendientes de tu discurso para estar listos y responder.

En el momento que tu cliente se dé cuenta de que le va a estar haciendo preguntas, va a estar pendiente para responderte y demostrarte de esta manera que sí le está prestando atención. Vamos a estar poniendo a las personas de la reunión en estado de alerta y estrés, lo cual es agotador si se mantiene durante mucho tiempo, y no hay nada que deteste más el cerebro que hacerle trabajar, por ello recuerda hacer pausas. Mantener tanto tiempo la atención es muy cansado para el cerebro de tus interlocutores.

"Si puedes hacer reír a una mujer, le puedes vender cualquier cosa". - Marilyn Monroe (1926-1962) actriz estadounidense -

El Sentido Del Humor

El sentido del humor en una relación comercial produce rapport con tu cliente, elimina situaciones de tensión, desarma al cliente mentalmente y establece una relación de confort. Esto se debe a que las estructuras cerebrales que se estimulan durante la risa son los mismos que utiliza el cerebro para la secreción de dopamina, la hormona responsable del sistema cerebral de recompensa (por eso cuando segregamos dopamina también sonreímos).

⇒ **El humor hace que tu cliente tenga más tendencia a correr riesgos porque se sentirá con más autoconfianza**

Terminología Positiva

Como ya pudimos ver anteriormente el cerebro va trazando mapas mentales en el cerebro donde asocia unos conceptos con otros mediante sinapsis cerebrales, en muchos casos enlazando sonidos, imágenes, olores o sabores. Si pensamos en un caballo blanco, podemos asociar el concepto caballo con el concepto blanco. Pero si decimos "el caballo NO es blanco", el cerebro no puede imaginar el NO blanco. Cuando leíste "el caballo NO es blanco", ¿qué imaginaste? ¿fue un caballo blanco por casualidad? No podemos evitar relacionar el blanco con el caballo por mucho que digamos que no lo es, en nuestro cerebro ya quedó asociada esa idea.

Por eso hay que formular las ideas en términos positivos, el caballo es marrón, o es de un color desconocido, pero si dices "el caballo no es blanco", lo que la gente recordará más fácilmente es un caballo blanco. Aunque no es exacta la expresión, una manera de recordar fácilmente este principio es pensando que el cerebro "no entiende la palabra NO". Si estuvieras vendiendo un fondo financiero de inversiones sería mejor decir que "un fondo es seguro" a decir "el fondo no tiene riesgo".

⇨ **Hay que formular los conceptos en términos positivos, no sea que nadie entienda el no**

Lo Importante Es El Principio Y El Final

En una reunión de trabajo el cliente se queda sobre todo con el inicio de la reunión, esa conocida primera impresión, y el final de la reunión, con las conclusiones y las decisiones que se tomen de ella.

Por eso es muy importante que nos enfoquemos sobre todo en estas dos partes de la junta, para que hagamos una primera impresión favorable y un cierre con el compromiso de continuar de alguna manera. De una reunión debemos salir con algún compromiso con el cliente, el que nos vaya a considerar en sus proyectos, que nos vaya a comprar antes o después, o de una vez con un compromiso de compra próximo.

⇨ **No permitas que los clientes ocupen tu tiempo sin llegar a ninguna conclusión, consigue al menos un compromiso**

El Equipo Y Herramientas Del Vendedor

Cuando un escalador se prepara para subir una montaña lleva su mejor equipo: zapatillas de escalada, magnesio para evitar el sudor en las manos, arneses de alta calidad, cuerda de escalada, mosquetón con seguro y casco. Cualquier fallo en el equipo del escalador puede ser fatal, nada puede fallar.

¿y cuál es el equipo y herramientas de un vendedor?
La información. Cada información que podamos recabar de nuestro cliente es una herramienta que podemos utilizar para atacar o para defendernos. Por ejemplo, nos puede decir que nuestro producto tarda en ser suministrado, pero sí sabemos que la competencia tarda más tiempo podemos anular ese argumento. O por ejemplo podemos hablar con una persona poco accesible y distante, pero si averiguamos que de jóvenes jugamos en el mismo equipo de fútbol el cliente será mucho más receptivo recordando viejos tiempos.

⇒ **Cada elemento de información compone las herramientas del vendedor**

La información la podemos sacar de muchas fuentes, como LinkedIn, de otros clientes, de otros vendedores de productos que nos informen sobre el cliente…, pero la mejor información nos la puede proporcionar el cliente, por eso es muy importante preguntar y escuchar, preguntar y escuchar, preguntar y escuchar, preguntar y escuchar…

He conocido vendedores que no preguntaban por no molestar al cliente, y otros que preguntaban hasta que ya el cliente nos decía que no podía decir más pero, aun así, cuando le preguntábamos al cliente el precio de la competencia, giraba la pantalla para que lo viéramos. Te sorprenderías de la cantidad de información que está dispuesto a darte el cliente, solo tienes que preguntar y escuchar.

⇨ **Hazle preguntas a tu cliente hasta que ya no te responda, te sorprenderás de todo lo que puedes averiguar**

NEURO-COMUNICACIÓN

"Hacer preguntas es prueba de que se piensa"

- RABINDRANATH TAGORE (1861-1941), DRAMATURGO
BENGALÍ -

La comunicación con nuestros clientes, ya sea directamente o a través de correos o anuncios, ha de ser lo más efectiva posible. Para ello debemos analizar muy bien qué mensaje les vamos a lanzar y cómo se lo vamos a comunicar. En neurocomunicación analizamos cómo predisponer al cerebro del cliente para que preste la mayor atención a nuestro mensaje, que lo asimile y memorice lo más profunda y duraderamente posible.

¿Tu Interlocutor Es Hombre O Mujer?

Como es bien sabido las mujeres hablan muchas más palabras que los hombres al día, fácilmente más del doble. Hay muchos estudios al respecto con diferentes cantidades y cada una está referida al país o zona donde se haya hecho el estudio. No obstante, sí podemos determinar que la mujer necesita mucha más comunicación que el hombre.

Cuando le vendemos a una mujer hemos de hablar mucho más con ella que con un hombre. El hombre es más concreto, hechos puntuales, información necesaria y suficiente para tomar una decisión, pero con una mujer puedes hablar además del crecimiento de tu empresa, de anécdotas que te haya pasado con otros clientes o incluso de la familia.

Las mujeres tienen mayor necesidad de comunicar que los hombres. Foto: cookie studio, freepik.

El Cerebro Puede Rechazar Los Imperativos

Nuestro ego se puede sentir agredido con imperativos, ya que nuestro instinto es el de preservar nuestra libertad y no dejarnos dominar fácilmente. Un mensaje directo del estilo "tienes que comprar..." puede producir a priori un rechazo y es preferible sustituirlo por una sugerencia o llamada a la acción justificada.

Por ejemplo, al final de un anuncio de un evento podríamos poner "¡Compra ya tu ticket!", lo cual puede producir un rechazo, o podemos poner "¡Compra ya tu ticket antes de que se agoten!", con lo cual hacemos el llamado a la acción pero lo justificamos racionalmente para que el ego de la persona no se sienta agredido por un imperativo, y además le añadimos un sentido de urgencia para que tome la decisión cuanto antes.

EL ENTORNO Y LOS SENTIDOS

"La realidad no es otra cosa que la capacidad que tienen de engañarse nuestros sentidos."

Preparar el escenario donde tendrá lugar un evento comercial, ya sea reuniones o en una tienda donde se venden productos, es fundamental para que podamos impresionar a los clientes de todas las maneras posibles. Tenemos varias maneras de llevarle un mensaje a los clientes, tantas tomo sentidos tenemos.

Música Para Tus Oídos

Toda la información que recibimos procede de nuestros sentidos funcionando simultáneamente. Esto quiere decir que podemos llegar a un cliente con diferentes estímulos a la vez para conseguir una venta, como por ejemplo cuando entras en una tienda de moda y ves a un modelo luciendo el mejor traje con postura exitosa mientras escuchas la música animada que estimula tu sentimiento sobre lo que estás viendo.

La música que ponen en una tienda no ha sido elegida por casualidad, sino que está cuidadosamente escogida para el segmento de público que visita ese local y que te sientas estimulado a comprar.

Test Musical

Para comprobar el impacto de la música en tu estado de ánimo prueba a hacer el siguiente experimento: pon una escena emocionante de una película de acción y prueba a bajar el sonido de la película y poner otra música en su lugar relajante. Podrá perfectamente reconocer el impacto que la música tiene en su estado de ánimo, ya que su cerebro relaciona diferentes tipos de músicas con sus correspondientes estados de ánimo.

Calidad Por El Oído

Cuando cerramos la puerta de un coche normalmente oímos un ruido que nos produce una sensación de la puerta ha encajado perfectamente de una manera segura y hermética. Si lo que oyésemos fuera un ruido de metal contra metal estridente seguramente nos daría la sensación de que esa puerta no es segura y nos dispararía el miedo.

Por esto las empresas automotrices invierten mucho dinero en que la puerta al cerrar suene convincente, aunque no tenga nada que ver con robustez de la puerta.

Ver Para Creer

Nada más cierto que este antiguo refrán "ver para creer". Así es, nuestro cerebro se conecta con el producto cuando lo percibe, lo ve, lo toca, lo huele, lo oye o lo saborea. Y es que nuestro cerebro primitivo está diseñado para percibir las cosas, cosas en su más primitivo sentido de una cosa tangible. Por eso para que el cerebro se conecte, enséñale el producto físicamente si es posible, y con cuantos más sentidos se conecte con él, mejor.

⇨ **Mantén tu producto lo más visible que puedas**

Tocar Para Conectarte

Nuestro cerebro reptiliano está diseñado para tener un anclaje físico para conectar con los objetos. Un producto que se puede tocar llega mucho mejor a nuestro cerebro que un producto intangible, como por ejemplo un seguro financiero, del cual no hay un anclaje físico. Para el cerebro el producto existe cuando lo toca.

Hay que considerar que cuanto mejor conozcamos el producto más fácil es que lo compremos, y con cuantos más sentidos intervengan en el conocimiento mejor es la conexión.

Antiguamente podíamos ver como los productos se distribuían en cajas de cartón cerradas con una foto. Hoy muchos de ellos se venden en empaques de plástico transparente o blísters para que veamos perfectamente el contenido de la caja. Incluso cuando tenemos dudas no falta el vendedor que nos abre la caja y nos da el producto para que lo agarremos.

StoryTelling: la cámara pesada

La primera cámara de fotos digital y réflex que me compré de una reconocida marca se veía de muy buena calidad, era robusta y pesada. Solo con agarrarla ya te daba la sensación de ser un fotógrafo profesional. Se la enseñé a mis amigos y uno me comentó que en realidad las cámaras llevan dentro electrónica y óptica que no es tan pesada, ya que incluso la carcasa es de plástico. "En realidad le añaden peso para que se sienta de buena calidad". En ese momento descubrí que lo que me había apantallado fue la marca y el peso de la cámara, y que en realidad todavía no sabía nada de su verdadera calidad.

⇒ **Permite que tu cliente pueda tocar el producto lo más posible**

Reclamaciones De Clientes

Cuando tenemos que dar explicaciones a un cliente sobre un servicio malo que le hemos dado, ya sea calidad de producto, entrega o cualquier otro incidente, el cliente es reticente a creer que no lo vamos a repetir si nuestros argumentos no son evidentes.

La manera de conseguir que el cliente nos crea es darle un papel con el argumento que estemos esgrimiendo y que lo agarre físicamente (ya sea las razones del problema o lo que vamos a hacer para que no suceda de nuevo). El cliente al tocar el papel es más susceptible a creer que lo que le decimos es cierto, ya que conecta una idea con algo que es real, el papel. El papel es real, el argumento está en el papel real, y por los mapas mentales relacionamos el argumento con la propiedad de real. El cerebro atribuye a tu argumento las mismas propiedades que al papel, entre ellas las de existir. Esta técnica se utiliza también en PNL para atribuir a una creencia la misma veracidad de otra creencia que es evidente para nuestros sentidos, como que el sol calienta.

⇒ **Para que el cliente te crea dale a agarrar un papel con los datos del argumento que estés esgrimiendo**

Tocar Para Relacionarte Con Otras Personas

El tacto es un sentido que no usamos con personas a no ser que tengamos una relación muy estrecha, pero sin duda el tacto produce un estímulo muy potente. Cuando estrechamos la mano a una persona es un acto amistoso que normalmente se acompaña de una sonrisa, pero si ese acto de dar la mano lo acompañamos de otro tacto en un área no esperada se siente realmente estimulante para la persona que lo recibe. Agarrar del antebrazo o del hombro cuando damos la mano sin duda ya es un acto muy amistoso que la otra persona lo recibe con cariño. El neurotransmisor oxitocina se encargará de crear ese vínculo amistoso.

Dependiendo de las circunstancias el cliente puede percibir ese tacto como invasivo o incluso inapropiado. Para que se den cuenta del poder del tacto incluso una persona te puede pedir perdón al tocarte por accidente. Esto es porque las señales del tacto son muy impactantes en el cerebro si se trata de otro ser vivo. Tocar a otra persona es un acto muy delicado pero que bien usado es una herramienta muy potente para un vendedor.

⇒ **El tacto es muy impactante y puede ser una herramienta muy potente para un vendedor, usándolo adecuadamente**

El Olfato

El sentido del olfato es el único que llega directamente a nuestro cerebro, el resto ha de pasar por otros órganos antes (ojo, oído, piel, papilas gustativas). Esta conexión directa hace que nuestro olfato dispare automáticamente las señales de alerta si es pertinente. Normalmente no olemos los olores que nos rodean, sino que nuestro olfato nos alerta de olores nuevos en nuestro entorno, La alerta del olfato constituye uno de los más poderosos captadores de la atención, un olor familiar nos puede retraer recuerdos de hasta 30 años antes.

Hay productos que si no tienen olor no los percibimos como de buena calidad. Por ejemplo, un coche nuevo ha de oler a nuevo y para eso se encargan de que cuando entres en un coche nuevo huela a nuevo.

Lo mismo sucede con algunos fabricantes de cuero. En algunas fábricas la producción está tan procesada que pierde el olor característico del cuero, y tienen que añadirles odorizantes para que el cuero huela a cuero, de otra manera no percibimos su calidad.

En los químicos para limpiar el suelo pasa algo similar. La calidad del producto la percibimos por el olor y la espuma. Un limpiador que no huele y que no hace espuma lo percibimos como de mala calidad, aunque sea más eficaz que uno que huela bien y que haga mucha espuma.

⇨ **Nuestra percepción de calidad muchas veces no tiene nada que ver con la calidad del producto**

Marketing Sensorial

Sin duda el marketing sensorial ha llegado a nuestras vidas de la manera más impactante, ahora es posible agarrar el celular, tocarlo y jugar con él antes de comprarlo. Igual,mente ya no solo vemos la pantalla de una televisión colgada en una pared de la tienda, ahora nos podemos sentar en un sofá frente a la televisión y escuchar su poderoso sonido envolvente antes de comprarla. También podemos degustar unas muestras de comida en el supermercado u oler el delicioso aroma del pan recién hecho en una panadería. Cuanto más impactante sea el estímulo al cliente más probabilidades habrá de que compre el producto.

Hoy en día es posible probar los productos en muchas tiendas antes de comprarlos

StoryTelling: aire limpio

En una ocasión que me encontraba de compras durante mi adolescencia recuerdo que entré en una tienda de moda de una reconocida marca italiana. De repente empecé a sentir una sensación extraña, respiraba mucho mejor. Daba gusto estar en esa tienda, como que el ambiente era más limpio. Al salir de la tienda noté el contraste rápidamente, en efecto en esa tienda se respiraba mejor.

Durante mucho tiempo estuve intrigado con aquella experiencia, hasta que en una ocasión en un bar atiborrado de gente el camarero se subió a la barra y abrió una botella de oxígeno que produjo una corriente de aire sobre los clientes del bar, generando un divertido y celebrado bullicio entre la gente. ¡La sensación después de la inyección de oxígeno en el local fue el mismo que el de la tienda de moda!

Habían estado inyectando oxígeno en la tienda, supongo que para generar más ventas. Desconozco el impacto que tendría esa medida en la tienda, pero fue una de mis primeras experiencias de marketing sensorial más impactantes.

CÓMO CAPTAR LA ATENCIÓN

L o primero que hemos de conseguir con un cliente es "secuestrar" su atención, ya que la atención es muy difícil de conseguir y se puede mantener durante poco tiempo. Posteriormente les lanzaremos el mensaje de la manera más adecuada para una retención a largo plazo.

Relevancia Y Ego

La atención es una función de la relevancia del mensaje, a mayor relevancia para el cliente mayor atención prestará a al mensaje. ¿Y qué nos resulta relevante? todo lo que tenga que ver con nosotros mismos es una prioridad para el cerebro, ya sea por un beneficio físico o por un beneficio que mejore nuestro ego, la percepción que tenemos de nosotros mismos. Por supuesto también nos importan otros temas que analizados resultan de un beneficio para nosotros. Si somos altruistas es porque nos hace sentir mejor, si nos interesa el clima es porque está en peligro nuestra supervivencia y la de los nuestros, si estamos interesados en la religión también es porque nos proporciona paz espiritual. De alguna u otra manera todo lo que nos interesa tiene un beneficio directo o indirecto para nosotros.

"Tú", "Tu" Y Tu Nombre

Debido a este interés que tenemos en todo lo que nos afecta, las palabras "Tú" ("tú eres alto") y "tu" ("tu camisa") activan en nuestro cerebro una llamada de atención. Son palabras que despiertan la atención para descubrir qué es lo que nos puede afectar de una u otra manera. En un mensaje a nuestro cliente debemos incluir las palabras "tú" (o "vos") y "tu" para llamar su atención. La palabra usted por otra parte no tiene el fuerte impacto de la palabra tú.

Además de "tú", tu propio nombre te va a llamar poderosamente la atención. No hay música más agradable para tus oídos que tu propio nombre. Por eso intenta recordar el nombre de las personas con las que hablas y llamarles por su nombre.

⇒ **Tu atención se despierta poderosamente cuando oyes las palabras "Tú", "tu" y tu nombre**

Palabras Activadoras De La Atención

Hay ciertas palabras que por la importancia que tienen para nuestra supervivencia activan nuestra atención, al igual que sucede con la palabra "Tú". Estas palabras son PODER, LOGRAR, PROTEGER, DOMINAR, ENTRETENER, TRANSFORMAR, RECORDAR, DISFRUTAR, CONQUISTAR, CONTROLAR y ALCANZAR. Estas palabras tienen una alta relevancia para nosotros, ya que nos activan las emociones básicas que disparan la atención. El uso de estas palabras le dará más impacto a tu mensaje.

Técnicas Para Conseguir La Atención

Cuando hablamos de seguridad personal por supuesto que se activan los sistemas de máxima atención, como cuando suena una alarma, un vehículo que se abalanza contra nosotros u oímos ruidos extraños por la noche. Pero además de estas tan evidentes hay otras a las que nuestro organismo reacciona instintivamente para averiguar si acecha un peligro inminente. Estas técnicas son las siguientes:

Seguridad De Nuestra Prole

Lo que tenga que ver con la seguridad de nuestra prole es sin duda un tema que va a captar nuestra máxima atención, ya que está íntimamente relacionado con la supervivencia de nuestro ADN y la especie. Las mujeres son mucho más sensibles a todo lo relacionado con los hijos y nietos, ya que le une un vínculo emocional mucho más intenso con ellos. Por eso los productos para bebés son tan sensibles a la seguridad, y podemos ver en los productos mensajes del estilo "no irrita la piel" o "dormirá tranquilo".

Movimiento

El cerebro se queda fascinado con el movimiento, cualquier cosa que se mueva puede ser potencialmente un peligro, bien porque nos impacte o porque nos ataque. Es bien conocido entre los aficionados a los toros que el toro de lidia no se fija en los objetos que no se mueve, sino solamente en los que se mueven. Aunque el torero lleve un capote de color rojo el toro no se fija en él si no se mueve.

En marketing es muy recurrente el poner expositores que se mueven para llamar la atención, como puede ser el conocido poste de barbero multicolor que con su movimiento atrae la atención de los transeúntes.

Contraste

El efecto de contraste es un método muy utilizado para llamar nuestra atención. Una mujer de rojo entre caballeros de smoking, o un edificio que se alza imponente entre los de su entorno, o simplemente alguien que sonríe entre gente seria será sin duda blanco de nuestras miradas.
El contraste puede ser dado por el tamaño, el color, la intensidad o simplemente las emociones que transmita. Como diría Jack Trout,

¡diferénciate o muere![22].

El contraste nos llama poderosamente la atención.

Los Ojos

Como ya comentamos anteriormente los ojos captan toda nuestra atención. Por eso cuando queremos decirle algo a alguien y queremos asegurarnos de que nos entienda bien le miramos directamente a los ojos. Igualmente, si en nuestra comunicación de marketing incluimos fotos, una mirada penetrante será un imán para nuestra atención.

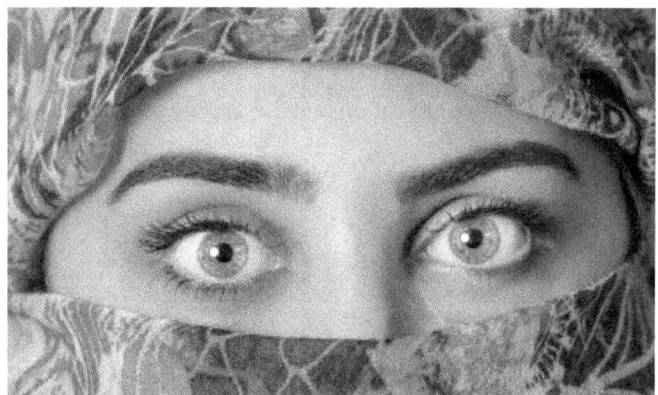
Los ojos captan nuestra atención rápidamente.

Sorpresa

La sorpresa es sin duda uno de los activadores de la atención más potentes, ya que el cerebro se pone en alerta cuando algo en su entorno cambia de forma brusca, fuera de la lógica o lo previsto según nuestra experiencia, activando el mecanismo de la curiosidad.

Curiosidad

Cuando algo no sucede según lo esperado nuestro cerebro busca la razón del cambio sobre lo que tenía previsto. Este mecanismo nos permite establecer un patrón de comportamiento del entorno para predecir en el futuro nuestro entorno para sentirnos seguros. Por eso los magos nos maravillan tanto, porque juegan con la fascinante sorpresa de un truco y la curiosidad de saber ¡cómo lo habrá hecho!

StoryTelling: los siete enanitos

En una calle de Sevilla había un restaurante que se llamaba los siete enanitos. Su entrada estaba enmarcada por un grupo de seis estatuas de diferentes enanitos. Cada vez que un cliente veía que en la puerta había seis enanitos y que el restaurante se llamaba siete enanitos el cliente entraba en el local para advertir al dueño del error o para interesarse por el enanito que falta en la puerta. Una vez dentro del local el dueño les explicaba que…bueno, en realidad les daba cualquier excusa, y les invitaba a sentarse y probar su deliciosa gastronomía.

Novedades

Las novedades son para el cerebro un fuerte estímulo para captar la atención. En el cerebro se ubica un área, llamada área tegmental ventral, que reacciona ante estímulos novedosos, recompensas inesperadas y pistas sensitivas de recompensas que se pueden predecir. Es decir, lo nuevo, lo sorprendente y lo que esperamos que lo sea.

Esta estructura cerebral está vinculada con la activación de la amígdala y del hipocampo, tanto para activar una situación de emergencia como para activar un recuerdo a largo plazo[15]. Por todo esto es por lo que vemos una y otra vez en los productos "¡Nuevo!" o frases como "la nueva gama de vehículos…".

Tecnología

Uno de los principales atractivos de la tecnología es precisamente la cantidad de novedades que puede traer un nuevo móvil, aparato de fotografías, o dispositivos especiales para correr, medir pulsaciones u otras funciones.

La tecnología nos atrae fuertemente por las novedades que traen y que estamos ansiosos por descubrir. Por eso los fabricantes de móviles tienen que estrujarse el cerebro para sacar novedades en cada modelo que lanzan al mercado, antes de que sea un producto maduro.

Patrones, Series Y Repetición

Como es bien conocido en fotografía una serie de elementos repetidos nos llama poderosamente la atención. Posiblemente nuestro cerebro esté buscando un patrón que le permita crear una norma nemotécnica que sea capaz de recrear y recordar la escena en el futuro para de esta manera sentirse más seguro. La búsqueda de un patrón hace que nos quedemos hipnotizados mirando la serie de elementos y buscando esa interrelación entre ellos.

Las series nos llaman poderosamente la atención.

Disonancias Cognitivas

Cuando suceden cosas a nuestro alrededor que no teníamos previstas, nuestro cerebro se pone en estado de alerta y clava la atención en la novedad para saber si lo que está viendo puede ser peligroso para su supervivencia.

Básicamente se disparan los mecanismos que activan la sorpresa (llamada de atención) y la curiosidad (necesidad de encontrar la razón del cambio). Las disonancias cognitivas son lo que debería estar según nuestro cerebro, pero no están, como las imágenes imposibles del artista holandés Maurits Cornelius Escher.

Triángulo imposible de Penrose

Escasez

Nuestro instinto tiene la tendencia a acumular aquello que es escaso para evitar carecer de algún bien que sea necesario en un momento dado. Por ello la escasez de un producto aumenta su valor de manera instantánea. Básicamente este es uno de los principios de la economía y el comercio, a mayor escasez, mayor valor. Por eso podemos encontrar en muchos anuncios las frases "cupo limitado", "reserva antes de que se agoten" o "solamente 10 unidades disponibles".

Formas Orgánicas

Las formas orgánicas y redondeadas son del agrado del cerebro más que las formas rectas y puntiagudas. Posiblemente la razón de ello es porque estas formas suaves y rel.dondeadas se asocian más con alimentos y seres vivos que con seres inertes mucho menos interesantes para la supervivencia. Además, el cerebro asocia las formas puntiagudas con el peligro, ya sea con las púas de un cactus o con los colmillos de una fiera.

Esta particularidad del cerebro pudo ser constatada por un experimento en 2010 del neurocientífico Zanvyl Krieger del Brain Institute de la Universidad Johns Hopkins[16], el cual llevó un experimento a cabo conjuntamente con el Museo de arte Walters de Baltimore.

Mediante la técnica de imagen por resonancia magnética funcional aplicada a visitantes del museo pudieron constatar que el cerebro reacciona de manera más favorable a formas redondeadas que rectas o puntiagudas. Este experimento fue posteriormente corroborado en una exposición "Beauty and the Brain Revealed" en la Galería de Arte de Washington DC.

El cerebro prefiere formas redondeadas

MEMORIZACIÓN EFECTIVA

Las personas somos nuestra memoria.

-DICHO POPULAR -

Una vez que conseguimos la atención de nuestro cliente el siguiente paso es conseguir que memorice o al menos que no olvide fácilmente el mensaje que le queremos transmitir. Vamos a ver una serie de técnicas para lograr esta retención.

Emoción, El Cemento De La Memoria

Como ya vimos anteriormente los eventos que nos producen emociones son los que recordamos de manera más prolongada. Te resultará fácil acordarte de tu último viaje de vacaciones, de aquella vez que un perro casi te muerde, de tu primer beso, o tal vez de aquella pelea que tuviste. Pero lo que te será difícil recordar las noticias de hace un par de días, o cuantas llamadas hiciste ayer por teléfono. Por eso si quieres dejar impacto en tu cliente no te olvides de emocionarle.

⇒ **Con la emoción se produce la memorización a largo plazo**

La emoción fija los recuerdos en la memoria a largo plazo

Mensaje Con Expectativas

Otra manera de conseguir que nuestro cliente memorice una idea es lograr que la mente de tu cliente trabaje y procese el mensaje. Esto lo podemos lograr incitando al cliente a que responda una pregunta, un acertijo o creando expectación.

Este estilo de anuncios es por ejemplo cuando vemos un cartel anunciador que dice "el viernes 23 se acaba el mundo", y unos días después leemos en el mismo anuncio "No te pierdas el estreno de Guerra mundial Z el viernes 23 en tus cines". Se ha creado una expectación en la persona que ve el anuncio que dispara su atención y estará mucho más receptiva para memorizar el mensaje que le anunciemos.

Repetición Del Mensaje

La otra manera de conseguir que un mensaje sea interiorizado por un cliente es la repetición. Esta técnica es la que usaba la publicidad tradicional para conseguir resultados efectivos. La repetición es tan efectiva que no solo memoriza el mensaje, sino que se vuelve una creencia a prueba de toda lógica. Es bien conocido que Toyota es una marca de vehículos de muy alta calidad, con pocas averías. ¿Es esto seguro?, ¿has visto alguna estadística fiable y duradera a lo largo del tiempo?, ¿o simplemente porque la gente lo repite ya lo das por hecho? Esta idea ya se ha vuelto una creencia más allá de cualquier comprobación que no dudo que Toyota se ocupará de que persista en el tiempo. Por este principio muchas marcas repiten una y otra vez un eslogan bajo su logo para reforzar su posicionamiento en la mente del consumidor.

⇒ **Las ideas repetidas se convierten en creencias**

"La mente piensa en imágenes"
- Gerald Zaltman (1929-2014), profesor emerito de Harvard
Business School -

El Lenguaje De La Mente

Nuestro sentido común nos indica que el pensamiento se ha de elaborar a través del lenguaje, ya que cuando pensamos lo hacemos en términos lingüísticos, pero ¿serán las palabras las que generen el pensamiento o será el pensamiento el que genere las palabras?

Según Gerald Zaltman[17], profesor emérito de la Universidad de negocios de Harvard, el pensamiento se basa en imágenes, no en palabras, entendiendo las imágenes como actividades neuronales provenientes de nuestros sentidos (olor, tacto, gusto, oído y visión), pero dado que la mayoría de los estímulos exteriores vienen a través de la vista en la mayoría de los pensamientos están involucradas las imágenes visuales. Según biólogo estadounidense y premio Nobel Gerald Maurice Edelman "las capacidades conceptuales se desarrollan en la evolución bastante antes que el habla".

⇨ **Más vale una imagen que mil palabras**

Metáforas Y Mapas Mentales

Debido a que el cerebro traduce las palabras en imágenes mentales, podemos saltarnos este paso y comunicarle al cliente directamente en la imagen que nosotros creamos más conveniente y que tenga propiedades favorables a lo que queremos transmitir a través de metáforas.

La comunicación mediante imágenes la podemos hacer mediante metáforas. Por ejemplo, podemos decir que una computadora tiene 3.6 GHz de velocidad, o decir que ¡funciona a la velocidad de la luz! (obviamente exagerando la velocidad del procesador). Al cliente le cuesta trabajo asociar la velocidad de la computadora en GHz con una imagen, pero mediante la metáfora de la luz habrá memorizado mucho mejor la idea que le queremos transmitir y le será más fácilmente recordarlo.

No solo eso, sino que el cliente asociará la computadora con las propiedades de la luz: rápido, brillante, limpio, exacto. Las ideas y conceptos se agrupan en constructos en los mapas mentales, que son conjuntos de conceptos neuronales que forman una idea o concepto, como puede ser la luz, rápida, limpia y brillante.

Estos constructos pueden estar formados por imágenes, pero también por otros estímulos como tacto, olor o sabor. Por ejemplo, podemos decir que una marca de perfume para mujeres es "la rosa de los perfumes", atribuyéndole al perfume las características de olor, color, delicadeza, romanticismo y belleza de una rosa.

Pero también hay que ser cuidadoso con las metáforas que elegimos, ya que si el cliente tuvo una mala experiencia pinchándose con el tallo de una rosa, tal vez le asocie malos atributos al perfume,

¡pudiendo ser hasta doloroso!

Mantenlo Visual Y Tangible

Lamentablemente no siempre el producto va a estar disponible para verlo y tocarlo, lo cual sería lo óptimo para que se conectara con el producto, pero podemos conseguir que el cliente "visualice" estas características a través de metáforas.

Por ejemplo, podemos decir de una bicicleta de fibra de carbono que es ligera como una pluma y dura como una piedra. Rápidamente asociamos con esa bicicleta el recuerdo que tenemos de tener en la mano una pluma y de haber sentido la dureza de una piedra. Utilizamos estos constructos para asociar las experiencias que ya hemos tenido con la pluma y la piedra con nuestro producto.

Lógicamente sería mucho mejor que el cliente lo pudiera comprobar físicamente, pero en el caso de la publicidad podemos usar el recurso de las metáforas para llevar esas sensaciones al cliente.

Metáforas De Todos Los Días

Si te fijas bien el uso de metáforas es de uso cotidiano, las usamos permanentemente para expresar ideas y asociarlas con imágenes, como por ejemplo las siguientes frases:
- Salvado por la campana, en vez de decir que le quedó muy poco tiempo
- Lanzarse a la aventura, en vez de comenzar una experiencia con incertidumbre
- Estar con el agua al cuello, en vez estar al límite
- Echar una mano, en vez de ayudar
- Salir de dudas, en vez de resolver una duda

⇒ **Todo lo que podamos expresar con imágenes tendrá mayor impacto y duración en la memoria**

La Técnica De Storytelling

Como ya has podido ver durante el libro hemos estado usando la técnica de StoryTelling, o relato de historias, para hacer hincapié en ciertos conceptos y hacer la lectura más amena.

El StoryTelling se basa en la memoria una de las estructuras cerebrales se ocupa de la llamada memoria episódica. Esta memoria se encarga de almacenar los acontecimientos e historias que nos relatan en un momento dado. Esta técnica de relatar historias en realidad es tan antigua como las parábolas de la Biblia, y es que la cultura y la historia de los pueblos ha ido pasando de generación en generación, antes del descubrimiento de la escritura mediante la llamada tradición oral, que no es otra cosa que transmitir hechos y conocimientos de viva voz mediante historias.

Las historias fueron nuestro libro de conocimiento durante mucho tiempo, tal vez por eso tiene un poder tan hipnotizante.

StoryTelling: un autómata bajo el agua

En cierto edificio de la ciudad de Madrid instalamos un autómata programable para el control del edificio. La ciudad sufrió en abril de aquel año una de las peores inundaciones que se recordaba, y todos los equipos eléctricos del edificio quedaron sumergidos bajo el agua en el sótano durante varios días.

Tras aquel tiempo y conseguir drenar el agua de los sótanos logramos recuperar todos los armarios eléctricos, entre ellos el autómata programable. Después de desconectarlo le quitamos todo el barro con agua a presión, lo limpiamos y cuando ya estaba perfectamente seco lo volvimos a conectar. Todos pensamos que el autómata ya no funcionaría y que en el mejor de los casos habría que volver a programarlo, pero para nuestra sorpresa ¡siguió funcionando perfectamente ¡como si nada hubiese sucedido!

Esta historia me la contó un vendedor en mi primer trabajo, y 24 años después ¡todavía no se me ha olvidado! El StoryTelling realmente funciona.

Cómo Aplicar Storytelling A Tu Negocio

Seguro que puedes tener buenas historias que contar para poder resaltar las características de muchos de tus productos. Y si no las tienen búscalas en internet y recopila la mayor cantidad de ellas, te ayudarán mucho para lograr un impacto duradero de tus argumentos de venta en tus clientes.

⇒ **Recopila las historias que hayas vivido con tus productos, las de tus vendedores, y la de tus clientes**

SIMBOLISMO

"La gente necesita símbolos con los que abrigarse,
porque fuera hace mucho frío."

- ARTURO PÉREZ-REVERTE (1951), ESCRITOR Y PERIODISTA
ESPAÑOL -

Cuando un cliente compra un producto lo hace para satisfacer una necesidad física o emocional, o las dos juntas. Por ejemplo, una mujer puede comprarse una blusa y un pantalón para cubrirse del frío, pero si lo que se compra es una falda estampada con vivos colores no solo está intentando abrigarse (con menos éxito incluso que con un pantalón), sino que además está llenando su necesidad emocional de ser atractiva para la sociedad o para ser aceptada en su grupo social.

En el caso de un hombre que se compra un reloj caro, lo último que le va a preocupar es si da la hora con mucha precisión. Lo que le va a importar más es su estética y que se vea poderoso con el reloj. El reloj en los hombres es un símbolo de poder.

El reloj es un símbolo de poder para el hombre, igual que el bolso para la mujer

"Gastamos dinero que no tenemos,
en cosas que no necesitamos,
para impresionar a gente a la que no le importamos"
- Will Smith (1968), actor estadounidense -

Dime Qué Consumes Y Te Diré Quien Eres

El simbolismo de los productos que consumimos dice mucho de nosotros. Básicamente este significado que trae el producto intrínseco nos define como persona, o más bien a qué tribu o grupo social queremos pertenecer. Si estamos consumiendo productos premium estamos queriendo pertenecer a una clase alta que consume estos mismos productos.

Podemos ver en la camisa de muchas personas la marca de la ropa que denota su precio, prácticamente llevamos un cartel que dice "he pagado mucho por esta prenda", y por lo tanto el mensaje es "tengo mucho dinero". Lo mismo sucede con bolsos, gafas, cinturones, zapatillas deportivas o incluso en los calzones (que para poder ver la marca los departamentos de mercadotecnia tuvieron que conseguir que los jóvenes vistieran los pantalones en público por debajo de los calzones).

En contraste podemos ver que a muchos multimillonarios no les importa vestir "ropa de marca", al fin y al cabo, ya sabe todo el mundo lo poderosos que son, y se permiten llevar ropa que no destaca precisamente por su marca, eso sí, a bordo de su lujoso yate. Igualmente, si vestimos desaliñados, con rastas y el símbolo de marihuana en un colgante estamos comunicando que pertenecemos a un grupo okupa, hippie y/o posiblemente a un grupo progresista de izquierdas.

Si compras productos orgánicos posiblemente seas una persona preocupada por el medio ambiente, si eres una persona vegana tal vez te importe mucho tu figura o no quieras dañar a los animales. Hay un gran número de grupos sociales que podemos distinguir por los productos que compran.

⇒ **Precisamente porque a través de los productos que consumes te pueden perfilar con gran precisión tu personalidad, hay alguien que te conoce mejor que tú mismo: las redes sociales**

¡Bienvenido al Big Data!

Cómo averiguar el código simbólico de tu producto

Averiguar el simbolismo de un producto no es tarea sencilla, ya que en la percepción del producto se implican diferentes aspectos de nuestra experiencia con el producto. Para enfocar correctamente el estudio del simbolismo de nuestro producto hemos de tener muy presente el objetivo del simbolismo: el simbolismo ha de recoger todas las cualidades racionales, subjetivas y emocionales de nuestro producto. Por lo tanto para comenzar a realizar el estudio hemos de considerar los siguientes aspectos:

Cualidades racionales

Esta parte es la más sencilla de averiguar ya que las cualidades racionales se ubican en nuestro consciente, por lo que podemos expresar fácilmente si un producto es robusto, ligero, con funciones exclusivas o con un diseño espectacular. Haz un estudio entre el mayor número de clientes potenciales posibles para recolectar todas las cualidades racionales que pueda abarcar tu producto.

Cualidades subjetivas

Las cualidades subjetivas son las más complicadas de averiguar precisamente por estar ubicadas en el subconsciente. Lograr averiguar el significado subjetivo que tiene un producto para el público depende mucho de la cultura en la que esté inmerso, sobre todo tratándose de productos de consumo que tienen un impacto importante en nuestra niñez. Por ejemplo, pensemos en el chocolate soluble: en España por ejemplo la mayoría de mi generación crecimos tomando leche con unos polvos para darle sabor a chocolate llamado Cola-Cao, mientras que en México el chocolate popular para beber es un chocolate que se ha de derretir y mezclar con leche llamado Chocolate Abuelita (ya el nombre tiene un significado muy fuerte para los niños). El significado de estos productos para nuestras generaciones era nuestro hogar, nuestra mamá preparándolo en la cocina, la leche caliente con chocolate que nos arropa cuando hace frío, significa nuestra seguridad, nuestra familia, nuestro entorno más entrañable.

Como puedes imaginar el significado de estos productos puede cambiar de región a región dependiendo del producto que se se consumiera en cada zona, por eso el simbolismo ha de estudiarse lo más ampliamente posible o abarcar lo más posible el mercado meta al que nos dirijamos.

Técnicas para acceder al subconsciente

Para lograr sacar el significado subconsciente de un producto a una persona hay que utilizar técnicas psicológicas que impliquen al subconsciente, como puede ser dibujar el significado que tiene el producto , ya que el subconsciente está directamente relacionado con la imagen y la metáfora del producto y lo puede expresar a través del dibujo más fácilmente que a través del lenguaje, que está más relacionado con la parte consciente de nuestro cerebro.

La técnica de la regresión también se utiliza para poder sustraer del subconsciente aquellos recuerdos e improntas relacionadas con el producto que queremos estudiar. De esta manera podemos recopilar conceptos subconscientes que están relacionados con nuestro producto y que tienen para nosotros un alto significado.

Cualidades emocionales

Las cualidades emocionales del producto están relacionadas con los instintos más básicos de nuestra personalidad, y nos van a ayudar para definir el valor instintivo que tiene para nosotros el producto en cuestión. Estos valores instintivos son los que recogemos en el capítulo de Motivadores Emocionales y que podrás estudiar para aplicarlo a tu producto.

Arquetipos

Cada marca tiene una personalidad que se puede identificar mediante la identificación de su arquetipo. Estos arquetipos fueron descritos por el psicólogo suizo Gustav Jung, aunque modernamente podemos encontrar en la literatura de marketing otros arquetipos que se pueden usar para determinar la personalidad de una marca.

El arquetipo nos va ayudar a averiguar el significado simbólico de nuestro producto al acotar diferentes aspectos de la marca que analizamos:

1. **El Inocente:** son marcas que evocan sueños, con toques de

ingenuidad que inspiran ideales y valores difíciles de alcanzar y recuerdan la infancia y la juventud. Ejemplo de este arquetipo es Coca-Cola, McDonalds o Disney

2. El Hombre Corriente: son marcas sencillas de entender que evocan el recuerdo de un hombre sencillo, amable y buen ciudadano, como por ejemplo GAP, H&M, Ikea o Ebay.

3. El Explorador: estas marcas inspiran libertad, atrevimiento, osadía e inconformismo. El afán por ser libre y descubrir el mundo sin atarse a formalidades. Ejemplos de estas marcas son Jeep, Red Bull o Virgin.

4. El Sabio: estas marcas evocan inteligencia, sabiduría, conocimiento y tecnología. Son las marcas de los ingenieros, como pueden ser HP o Audi.

5. El Héroe: estas marcas recuerdan el esfuerzo, la motivación, el triunfo y la competición, como pueden ser Nike, Duracell, o Paco Rabanne.

6. El Rebelde: las marcas rebeldes rompen esquemas, sacan el lado salvaje de sus clientes, se sienten diferentes y pueden ser un referente de una tribu urbana. Ejemplos son Harley-Davidson, Desigual o Diesel.

7. El Mago: son marcas que traen soluciones de manera mágica a nuestra vida para ayudarte en lo que deseas, como pueden ser Google o Axe.

8. El Amante: son la clara imagen del romanticismo y la sensualidad. Evocan emociones relacionadas con el amor y el deseo. Ejemplos de estas marcas pueden ser Martini, L'Oreal o Chanel.

9. El Bufón: son marcas que recuerdan la diversión e irreverencia infantil, apelan a la espontaneidad y el lado amable de las cosas, como puedne ser Fanta, Oreo o Doritos.

10. El Cuidador: estas marcas evocan el cuidado por las personas para protegerlas. Inspiran tranquilidad, seguridad y confianza, como pueden ser Volvo, Danone, Mapfre y una gran parte de empresas de seguros y relacionadas con la salud pública.

11. El Creador: las marcas que nos inspiran la creatividad y juegan con nuestra imaginación son las catalogadas como creadoras, como pueden ser Lego o Apple.

12. El Gobernante: son marcas que evocan liderazgo, poder, éxito, exclusividad y prosperidad. Están relacionadas con el éxito profesional y el prestigio, como pueden ser Mercedes o Rolex.

13. El Villano: este arquetipo presentado por la consultora Branzai evoca una marca que quiere romper las reglas para construir unas nuevas, altera la realidad para cambiarla a su favor. A este arquetipo pertenecería la marca Jaguar o Donal Trump.

Determinación del código simbólico

Una vez que ya hemos recopilado las características racionales, subjetivas y emocionales, y hemos determinado el arquetipo de la marca que queremos analizar, tenemos una buena representación de las cualidades que el código simbólico tiene que representar. Este código simbólico va a suponer un elemento que reúne las cualidades de la marca que analizamos, lo cual nos sirve para utilizar una metáfora que exprese estas cualidades en nuestra comunicación. Por ejemplo Coca-Cola no vende refrescos, sino unión familiar alrededor de la mesa, o un gimnasio no vende el servicio de usar aparatos, sino de sentirte más atractivo. Tampoco una línea aérea vende vuelos, sino la posibilidad de descubrir el mundo. Una marca de agua mineral te vende salud, o te puede vender prestigio si es una marca premium.

Transmisión del valor simbólico de tu producto

Una vez que ya has determinado el código simbólico de tu producto has de encontrar la metáfora que materializa esas cualidades para usar la en tu publicidad o en tu comunicación. En el caso de Coca-Cola el valor de la familia lo transmitió durante una época con comerciales de una familia de osos, que transmiten valores de eternidad, bondad y familiaridad, no en vano los niños cuando son pequeños tienen sus ositos.

⇒ **El código simbólico te ayuda a comunicar rápidamente todos**

los valores de tu marca al reunir todas sus cualidades

NEURO-MOTIVADORES

"Hijo mío, la felicidad está hecha de pequeñas cosas:
Un pequeño yate, una pequeña mansión, una pequeña
fortuna".

- GROUCHO MARX (1890-1977), ACTOR Y HUMORISTA
ESTADOUNIDENSE

N uestro cerebro está programado para buscar ante todo la supervivencia personal, aumentar la descendencia propia y proteger a la tribu. La tribu significa un entorno seguro para la supervivencia personal. Para conseguir esta supervivencia el cerebro se centra en la seguridad física, el ahorro de energía para sobrevivir en periodos de escasez, la reproducción y la búsqueda de placer, como recompensa a acciones que son beneficiosas para nuestro organismo.

Estos principios primarios son los que van a conformar nuestros motivadores básicos para hacer nuestras actividades diarias, entre ellas comprar artículos o servicios que son beneficiosos para nosotros.

Nuestros mensajes de venta han de estar conformados para provocar las emociones del cliente y ofrecerle un beneficio que le ayude en su desarrollo personal y social.

LA BÚSQUEDA DEL CONFORT

"La vida te da siempre dos opciones: la cómoda y la difícil. Cuando dudes elige siempre la difícil, porque así siempre estarás seguro de que no ha sido la comodidad la que ha elegido por ti".

- ADOLFO SUÁREZ (1932-2014), POLÍTICO ESPAÑOL -

El ahorro de energía es uno de los grandes estimulantes para motivar una la compra. Cualquier cosa que nos ahorre un poco de esfuerzo estaremos encantados de adquirirlo. Podremos ir al gimnasio todo lo frecuentemente que queramos, pero que no nos falte el control remoto del televisor para no tener que levantarnos, o tomaremos el elevador en vez de usar las escaleras.

Este ahorro de energía es el culpable de que los productos al final de la alacena se queden sin usar, ya que supone un trabajo empezar a ver que tenemos guardado, o que agarremos siempre lo que tenemos a mano en la primera bandeja del refrigerador y no nos agachemos a ver qué verduras tenemos en el cajón de abajo, o que tiremos platos de plástico para no tener que lavar, aunque contaminemos el planeta.

En general cualquier cosa que nos evite un pequeño esfuerzo físico nuestro cuerpo lo agradece, aunque luego estemos pensando que tenemos que hacer deporte.

Piensa en productos que compramos porque nos ahorran trabajo: los restaurantes (no tenemos que cocinar), lechuga lavada y embolsada (para no tener ni que cortarla), fruta pelada y preparada, todos los productos desechables, controles remotos, dispositivos manejados por voz, el microondas (no solo usamos menos vajilla, sino que también es más rápido), comida congelada… Y date cuenta de cuántas veces has dado vueltas con el coche para no tener que aparcar lejos, aunque solo sea un minuto caminando más.

¿Hay algo más placentero que estando tumbado al sol y relajado en una tumbona junto a la piscina del hotel aparezca un camarero con una deliciosa copa de helada piña colada? No tenemos ni que movernos.

"En la mayoría de los hombres,
las dificultades son hijas de la pereza"
- Samuel Johnson (1709-1784), escritor inglés -

Procrastinación

Este ahorro de energía que tenemos intrínseco es el culpable de la procrastinación. La procrastinación es la actitud por la cual dejamos todo para el último momento, aunque sepamos que tenemos que hacerlo de todas maneras. También es la culpable de que dejásemos la tarea del colegio hasta última hora, o que aquella puerta que tenemos que reparar no la reparemos nunca. Claro que no siempre somos perezosos para hacer cosas, porque lo que nos gusta hacer estamos prestos a hacerlo en cualquier momento. La procrastinación nos invade cuando tenemos que hacer cosas que no nos gustan. Si quieres un truco para vencer la procrastinación es muy sencillo: ¡haz primero lo que menos te apetezca hacer y de inmediato!

A propósito de la pereza, es como el hombre que molesto por la insistencia de su mujer le dice... - ¡Claro que voy a arreglar el desagüe de la lavadora, no hace falta que me lo repitas cada 6 meses!

Quizá por esta pereza innata que nos invade se ha hecho tan popular la frase de "decreta y se te dará". Invita a pedir lo que uno quiera y esperar a que caiga del cielo sin tan solo mover un dedo. Es un mensaje poderoso para los que quieren tener prosperidad desde el cómo sofá de su salón. Aunque no deja de tener razón en algo, si no lo no deseas, tampoco te llegará, pero será mejor que te levantes y comiences a trabajar en ello.

"No existe pasión más poderosa
que la pasión de la pereza".
- Samuel Beckett (1906-1989) escritor irlandés -

¿Cómo Usar El Ahorro De Energía En Ventas?

Facilítale a tu cliente todo lo posible la compra, simplifica el proceso lo máximo posible. No escribas textos largos, ¡es muy cansado leer! Evita correos largos, reduzca al mínimo el mensaje y destaca en negrita lo importante (para que tenga que leer menos aún).

Cuanto más trabajo le ahorres a tu cliente más fácilmente comprará tu producto, como los bancos que se ofrecen para cambiar ellos la domiciliación de tus facturas si abres cuenta con ellos, o los supermercados que te llevan la compra a casa.

Hay que tener en cuenta de cualquier manera que el cliente es capaz de sacrificar su comodidad por conseguir un precio más económico. Tal es el caso de los restaurantes de comida rápida, donde no hay camareros, o de IKEA que te vende muebles económicos, pero te los has de montar tú en casa.

⇒ **Piensa cómo ahorrar trabajo a tu cliente y le estarás allanando el camino para comprarte**

ELIMINAR EL MIEDO

"No temas ni a la prisión, ni a la pobreza, ni a la muerte.
Teme al miedo".

- GIACOMO LEOPARDI (1798-1837) POETA Y ERUDITO
ITALIANO -

El miedo es una emoción buena que nos salva de peligros y riesgos que puedan poner en peligro nuestra salud. El primer deseo del ser humano es su supervivencia personal y la de su prole, que al fin, es la supervivencia de su herencia genética. Por eso la mayoría de los motivadores emocionales son en su último término la expresión de la búsqueda de la seguridad, que no es otra cosa que la eliminación del miedo. Para poder elimina el miedo o la duda vamos a analizar cómo abordarlo en un cliente.

El Miedo En Productos B2b

Te estarás preguntando cómo tu producto puede provocar miedo en una persona: pongamos que el cliente tiene una máquina ya muy vieja y necesita cambiarla porque ya le da muchos problemas. Si la máquina es una parte muy importante del proceso de producción en una empresa, como puede ser una máquina-herramienta que sea cuello de botella en el proceso de producción, el cliente va a tener terror a cambiar la marca del producto por el tuyo y que haya problemas de producción, ¡le podrían despedir si no funciona!

En el momento que haya un problema se activarán todas las alarmas de la empresa y el foco estará puesto sobre la razón por la que se cambió algo que ya funcionaba por algo que da problemas. Por tanto, muchas personas se van a desligar de la toma de decisión de cambiar el producto (el departamento de compras delegará en el área técnica la decisión de compra), ya sea el producto mucho más barato o con menor tiempo de entrega.

⇒ **En el caso de productos B2B es fundamental llegar a la persona que toma las decisiones**

En el caso de que el cliente tenga mucha urgencia por cambiar un producto que le está dando problemas es posible introducir nuestra marca si tenemos mejor tiempo de entrega que la marca que ya tiene. Para que tome la decisión tenemos que dar todas las garantías de calidad y servicio por si no funciona nuestro producto. El cliente tendrá miedo a cambiar la marca, pero es mayor el miedo a que se pare la producción. De alguna manera el puesto de trabajo de la persona que tome la decisión se pone en riesgo, o al menos así lo percibe su cerebro, y el cuerpo reacciona activando los mecanismos hormonales del miedo en el organismo.

⇒ **Cambiar un producto que funciona por el tuyo le puede producir miedo al cliente**

Productos A Prueba

En el caso de que nuestro cliente esté muy reticente a probar nuestro producto podemos conseguir que lo adquiera si se lo vendemos con un periodo de prueba, sin costo por devolución. Si pasado el periodo el cliente al cabo del mes no está conforme con el producto nos lo puede devolver sin coste alguno. De esa manera se le quitarán todos los miedos a probar el producto.

El Miedo En Productos De Consumo

En el caso de productos de consumo la decisión la toma uno mismo y es responsable de su compra, como puede ser, comprar café, o un juguete. El cerebro actúa de manera similar, pero a un menor nivel. En este caso no le llamaremos miedo, le llamaremos "duda", o miedo a equivocarnos y perder nuestro dinero.

En el momento que el cliente tenga una duda sobre el producto valorará el riesgo de comprarlo y perder el dinero. Por eso pueden ver ahora en todas las jugueterías que los juguetes se ven y se pueden tocar, ya no está encerrado en una caja opaca, para disipar todas las dudas de lo que compras. Si no eliminas miedos/dudas ni siquiera tu producto será una opción de compra, a no ser que el precio sea bajo y no te importe tomar el riesgo de perder el dinero.

⇒ **Si el cliente tiene dudas del producto demorará su decisión o no lo comprará**

Bajo Precio, Bajo Riesgo

Si el riesgo a equivocarse y perder el dinero con tu producto es bajo tampoco le importará al cliente arriesgarse a comprarlo. Esto depende tanto del precio del producto como de la riqueza del cliente. Obviamente cuanto más dinero tiene el cliente menos le importa equivocarse. Hemos de considerar que el dinero es lo que nos asegura la supervivencia y nos da terror quedarnos sin él.

⇨ **Lanzar una oferta es una excelente estrategia para que el cliente disipe sus dudas y pruebe nuestro producto**

Lo Primero Que Tenemos Que Hacer: Análisis De Miedos Y Dudas

Cuando consigamos eliminar todos los miedos y dudas que pueda tener nuestro cliente potencial entonces nuestro producto será opción de compra. Hasta entonces el cliente ni siquiera considerará comprar nuestro producto, o si lo considera el miedo paralizará su compra.

Por lo tanto, lo primero que vamos a hacer es analizar todas los posibles miedos y dudas que pueda tener un cliente sobres nuestro producto o servicio: tiempo de entrega, precio final incluyendo envío, seguros, etc… , como conseguir repuestos, cómo reclamar si algo no está bien, cómo hacer el seguimiento del envío, garantía de calidad del producto, servicio post-venta de la marca, condiciones de pago, costes de mantenimiento, etc.

Un error típico en la venta es no sonsacarle al cliente todas las dudas que tenga sobre el producto y dejar sin aclarar detalles que pueden ser importantes para el cliente. Suele suceder además que justo cuando ya nos estamos despidiendo el cliente hace la pregunta que le estaba rodando por la cabeza…. - por cierto, ¿podríamos tener crédito con ustedes? Parece que el cliente no le daba relevancia por posponer la pregunta hasta ya casi la despedida, pero hay que tomarla como muy relevante para que nos pueda considerar como opción de compra.

⇨ **Haz una lista de todas las dudas que pueda tener tu cliente y escribe al lado la respuesta a cada duda**

Si No Está Satisfecho Le Devolvemos Su Dinero

Una manera de conseguir que el cliente nos compre a pesar de que tenga dudas es ofrecerle la devolución del dinero si no está satisfecho. De esta manera eliminamos el riesgo de que se quede sin el dinero si el producto no es lo que necesita.

StoryTelling: El Corte Inglés

En 1939 abre sus puertas en la calle Preciados de Madrid una tienda de moda llamada El Corte Inglés. Con el paso de los años lo que fue una sencilla tienda de ropa se posiciona como los grandes almacenes más grandes de Europa y el tercero a nivel mundial por detrás de las americanas Macy's y Kohl's y situándose por encima de Sears Holding (datos de 2018).

Con más de 60,000 empleados, 15,000 Millones de euros de facturación y más de 95 grandes almacenes en la península ibérica esta monstruosa cadena de grandes almacenes se hizo muy popular por una sencilla frase que ponían en su publicidad: "Si no queda satisfecho le devolvemos el dinero".

Hoy todavía esta política está vigente, ya que perdura en la memoria de mucha gente, pero ya no la comunican explícitamente en su publicidad. ¿Cuál fue la razón del éxito de esta cadena? El Corte Inglés nos había quitado a todos el miedo a equivocarnos con la compra, ante cualquier problema lo podíamos devolver. Recuerdo que siempre que teníamos que hacer un regalo de cumpleaños a una persona lo comprábamos en El Corte Inglés "por si no le gustaba y quería cambiarlo por otro".

MOTIVADORES
EMOCIONALES

"La habilidad es lo que eres capaz de hacer. La motivación determina lo que harás. La actitud determina lo bien que lo harás."

- LOU HOLTZ (1937), ENTRENADOR ESTADOUNIDENSE -

Los motivadores emocionales son aquellas emociones primarias que se activan en nuestro cerebro la necesidad de actuar ante un estímulo. Son emociones básicas comunes a todas las culturas, lo cual constituye una de las bondades de las neuroventas, ya que se pueden aplicar en cualquier país, puesto que todos los seres humanos reaccionamos ante estos motivadores. De cualquier manera, no hay que dejar de considerar algunos matices culturales propios de cada pueblo.

A los motivadores emocionales también Jürgen Klaric[23] les llama botones reptil. El nombre "botones reptil" no se refiere a que sea el cerebro reptiliano el que los activa, ya que es función del cerebro límbico, sino que el accionar estos "botones reptil" provoca en el cliente una reacción inmediata e irracional, como si de un reptil en peligro se tratara. Este efecto reactivo, irracional y automático de nuestras emociones nos hace estar a merced de los estímulos exteriores. En el caso de alerta y emergencia pasarán unos instantes de pánico hasta que analicemos la situación y decidamos la reacción, pero en otros casos en los que el estímulo llama nuestra atención (un elegante pantalón de moda) nuestro subconsciente caerá sin remedio en sus redes.

Veamos a continuación cuales son estos motivadores emocionales:

"No hay nadie tampoco que no desee vivir, en cuanto pueda, con seguridad y sin miedo." - Baruch Spinoza, (1632-1677) filósofo holandés -

Seguridad

Como ya hemos visto la seguridad es la eliminación del miedo y los efectos que produce el cortisol en nuestra sangre. Por tanto, todo producto que aumente nuestra seguridad o la garantice es sin duda uno de los motivadores mayores para la compra. Y no estamos hablando solo de seguridad física, como un cinturón de seguridad en un coche, sino también de seguridad laboral en el trabajo, ya que la pérdida de este supone que nos quedaríamos sin dinero para poder comprar alimentos y pondría en riesgo nuestra supervivencia.

Ejemplo de productos que venden seguridad son los siguientes: interfonos para portales, cámaras de seguridad, calcetines antiderrapantes para bebés, servicios de alarma y seguridad, Uber (versus taxis locales en países con alto índice de criminalidad), avisadores de pánico para ancianos, dispositivos GPS para niños o airbags.

"Dejemos los placeres para que podamos volver a gozar de ellos". Voltaire (1694-1778), historiador y escritor francés -

Hedonismo O Placer

Por la propia naturaleza de nuestro sistema de recompensa, dirigido por la dopamina y la deliciosa y placentera sensación que producen las endorfinas, el ser humano busca el placer por todos los medios, ya sea mediante un relajante masaje, una rica y sabrosa comida o mediante estimulantes que ingeridos nos produzcan esa sensación placentera.

Piensa en la multitud de variedades de alimentos y bebidas que nos ofrecen cada día para sentir placer en nuestro paladar. La industria de la gastronomía es una de las industrias más potentes del mundo, y ha elevado esta disciplina hasta ser un arte creativo e innovador. Cuenta cuántos aditamentos le puede echar a su comida para mejorar su sabor y elevar tu placer gastronómico: salsas (mostaza, ketchup, blue cheese, salsa verde, etc…), especias (tomillo, romero, laurel, comino, cúrcuma, etc…), quesos de intenso sabor, caldos de pollo o jamón para dar sabor, aceites de soja u oliva, picantes, toppings dulces en helados, chocolate derretido, crema de cacao, crema de cacahuetes, vinos, licores, refrescos, jugos, etc. Prácticamente tenemos un laboratorio de elaboración de diferentes sabores en casa solo para darle gusto a nuestro paladar, léase cocina.

En cualquier caso, recuerda que el placer es fugaz, ya que una vez acostumbrado a la sensación ya no sentimos placer, y cada vez necesitamos más dopamina para sentir la misma intensidad de placer, origen de las adicciones.

⇒ **El cerebro se cansa de recibir placer de la misma manera, hay**

que ofrecer variedad al cliente para fidelizarle

"Casi todos podemos soportar la adversidad, pero si queréis probar el carácter de un hombre, dadle poder"
- Abraham Lincoln (1809-1865) político y expresidente estadounidense -

Dominación O Poder

El poder que nos transmite la sensación de dominación es altamente impactante. Todos tenemos en mente alguna imagen de películas donde el rey siente el poder de decidir entre la vida o la muerte de sus vasallos. Esa emoción, a toda proporción guardada, es la que siente Donald Trump o Vladimir Putin al decidir el destino de países enteros. La potencia nuclear les confiere sin duda un poder lejos de cualquier otro gobernante.

Y bajando a niveles más terrenales, una persona con gran riqueza, el director general de una empresa o simplemente la persona de recursos humanos sienten ese poder de disponer sobre el destino de las personas.

Ese poder desentierra nuestras emociones más primitivas, pura serotonina que nos informa de que somos el líder de la manada. Cualquier producto que comunique a nuestro entorno que somos más poderosos que los demás nos producirá una intensa sensación de placer Este es el origen de los productos de consumo premium, como por ejemplo Louis Vuitton, Tesla, Rolex, Armani, Apple, Dior, Cartier, Lacoste, Mercedes, Burberry, Loewe, etc. De ahí para abajo vamos a encontrar un sinfín de marcas de más o menos valor adquisitivo que nos puede destacar de nuestro entorno social.

¿Quién dijo que el dinero no da la felicidad? Pruebe a sentarse a los mandos de un Ferrari e intente no sonreír al sentir el poder de tener uno de los mejores coches del mundo en sus manos. Pura serotonina, la hormona de la felicidad.

Ahorro O Acumulación

El ahorro significa para el ser humano tener más capacidad de supervivencia. Cuantos más recursos tengamos acumulados más posibilidades tenemos de sobrevivir. Como dice Steven Reiss[24] el ahorro puede ser una recompensa para una persona, y así lo vemos en muchos casos cuando alguien nos presume orgullosamente de que consiguió ahorrar en una compra.

En el caso de que la supervivencia no sea algo que tengamos en peligro la acumulación de riquezas también supone para el ser humano la posibilidad de tener un mayor estatus social que el resto de sus congéneres, lo que provoca la emoción de poder o dominación. Esta emoción es la que hace que, ante dos productos iguales o similares, tanto físicamente como su aportación emocional, nos decantemos por el más económico.

Hemos podido ver en ocasiones personas famosas en los medios que portaban productos premium que eran de imitación, como alguna actriz que llevaba un bolso imitación de Louis Vuitton. El producto era el mismo, el estatus que le confería también, por lo tanto, por qué pagar un sobreprecio. El pequeño detalle es que la prensa descubrió el engaño.

El mercado de productos que salen al mercado con esta motivación es incalculable, todos los que nos sugieren que es el mismo producto, pero más económico. Además, tienen la ventaja de que el mercado ya está creado y solo tienen que aprovechar el esfuerzo que hizo una marca pionera para tomar una parte del mercado. Incluso hemos visto empresas que comenzaban copiando productos y que posteriormente han superado a la marca original (¡donde quedó Kodak!). Recuerdo en los años 80 la típica foto de un japonés con una cámara de fotos haciendo instantáneas para luego copiar los productos, y con el tiempo hemos visto cómo las empresas japonesas se han posicionado como productos de muy alta gama en múltiples sectores, como fotografía o electrónica.

"El secreto del éxito es ser dueño de nada, pero controlarlo todo". - Nelson Rockefeller (1908-1979), fundador de Standard Oil y político estadounidense -

Control

El botón reptil control tiene que ver con un tipo de personalidad que necesita tener todo bajo control para no sentirse inseguro, yéndonos al extremo más evidente.

Esas personas metódicas y ordenadas donde esperan que todo suceda según lo previsto que todos hemos conocido alguna vez.

Cualquier cosa que mejore nuestro control sobre algo que nos da miedo es sin duda un gran motivador para cualquier persona. Como por ejemplo un sistema electrónico que nos garantice el control de procesos críticos en una fábrica o controles de acceso en una empresa, o el GPS que nos indique donde están los camiones de nuestra empresa.

Hoy en día el gran hermano nos vigila y controla por medios electrónicos, y el control de las personas necesariamente tiene que ser invasivo. Esa emoción de tener todo bajo control choca frontalmente con otra emoción básica de nuestro instinto, la libertad.

> *"¡Oh, Libertad!, ¡cuántos crímenes se cometen en*
> *tu nombre!" - Marie-Jeanne Roland de la Platiere*
> *(1754-1793), articulista y revolucionaria francesa*

Libertad Y Territorio

La emoción de la libertad es una de las más intensa que llevamos dentro de nosotros, ya que sin libertad nuestra seguridad no depende de nosotros. Curiosamente si estamos confiados de que nuestro carcelero nos va a cuidar, entonces es más seguro estar sin libertad, como a aquel pájaro que le abres la jaula y ya no quiere salir porque dentro se siente seguro.

Esta emoción de rebeldía, libertad y de no dejarnos dominar por otra persona o pueblo, es la que hace decir frases como "prefiero morir de pie que vivir arrodillado", y es que todos hemos sentido la feliz emoción de sentirnos liberados de algo que nos ataba.

Libertad Sobre Dos Ruedas

En el área de ventas hay muchos productos que nos venden esa sensación de libertad. Ícono de esta emoción son las motos Harley Davidson. Aun cuando el dueño de una Harley sea un alto ejecutivo de una empresa, antes de sentarse en su flamante moto se pone una cazadora de cuero negro, un pañuelo en la cabeza, unas gafas oscuras y cara de pocos amigos. Como si se liberara de todo convencionalismo social y fuese dueño de su destino sin importarle el qué dirán, aunque al día siguiente esté a las 8:00 en punto de la mañana en la oficina con su elegante traje y corbata.

Igualmente podemos ver ofertas de contratos telefónicos o de servicios por internet donde nos dicen "cancelación en cualquier momento", porque saben que nos resistimos a perder la libertad de estar atados a un contrato. También los coches todoterreno venden la emoción de poder sentirse libre para ir por cualquier camino, sin tener que conducir por una carretera que nos obliga a trazar la ruta pintada sobre ella y obedecer cada señal.

⇨ **Prueba a sentir la libertad de estar en la cima de una montaña, o de navegar en el mar, sabrás entonces por qué hay gente que compra el perfume "Sauvage" de Dior anunciado por Johnny Depp.**

Mi Territorio Es Mi Libertad

No hay más que mirar al mapa para ver que el ser humano es muy territorial, y el territorio supone nuestra propia autonomía, donde nosotros decidimos. Ese concepto de territorio lo podemos extender a todo lo que le anteponemos la palabra "mi": mi casa, mi coche, mis libros, incluso mi departamento de contabilidad. Todo aquello donde no queremos que nadie que no queramos meta las narices. Esta emoción de que nuestro territorio se agranda la podemos sentir cuando adquirimos nuestro primer coche (¡quien olvida su primer coche!), o nuestra primera propiedad inmobiliaria.

La emoción de territorialidad tiene el inconveniente de que es una emoción que unida a la de libertad genera emociones muy poderosas y peligrosas, ya que mueve masas dispuestas a morir por su territorio. A cualquier producto ponle una bandera y estarás cambiando su simbolismo y sus clientes potenciales rápidamente.

"Mi familia es mi fuerza y mi debilidad". -Aishwarya Rai Bachchan (1973), actriz india -

Familia

El vínculo familiar es una de las emociones más intensas que podemos vivir, sobre todo las mujeres por su instinto maternal congénito. Aunque muchas personas no viven esta emoción tan intensamente, la mayoría de los padres descubren el sentido de la vida al ver su descendencia crecer con salud y armonía. Todo es poco para los hijos y los nuestro siempre son los mejores, o la mayoría de las veces. Cualquier producto que tenga por objeto la seguridad de los niños es de incalculable valor para los padres, siempre y cuando nuestra renta nos permita adquirirlo.

¿Qué productos se venden para la seguridad de los hijos? Para los bebés son innumerables los artículos de seguridad, tapones para enchufes eléctricos, agua para bebés (que naturalmente es mejor que el agua corriente), sillas de seguridad para el coche, correas para controlar con la mano que los niños no caminan lejos, cámaras y micrófonos para vigilar a los bebés, silloncitos de seguridad, etc.

Hoy en día darle un celular a un niño es, según muchas opiniones, no recomendable para evitar la dependencia tan temprana de este dispositivo, pero a su vez supone para los padres una tranquilidad saber que pueden contactar con su hijo en cualquier momento, por lo que igual se convierte en un elemento de seguridad.

"Individualmente, somos una gota. Juntos, somos un océano". -Ryūnosuke Akutagawa (1892-1927), escritor japonés -

Pertenencia A Un Grupo Social

¡Qué serían los clubes de fútbol sin el sentido de pertenencia! Casi no tendrían sentido los equipos de fútbol o baloncesto. El sentido de pertenencia es uno de nuestros instintos de supervivencia nos mantiene viviendo en familia, manada, tribu o cualquier otra manifestación de agrupación humana.

El sentimiento de verse arropado por un grupo nos hace sentirnos seguros. Este sentimiento es el que hace que la sociedad esté llena de "tribus", que se agrupan por edad, condición socioeconómica, lenguaje, nacionalidad o religión.

¿Qué productos compramos para sentirnos pertenecientes a un grupo? Todos los productos que nos asocian con un grupo, tal sea una gorra del Real Madrid, una camiseta con la imagen del Ché Guevara, un colgante con una cruz, o un polo con un caimán como marca.

"En medio del clamor de los aplausos, el hombre inteligente cerrará los ojos , y con la mente pedirá a los que le aclaman: ¡Perdón por haber vencido!". - Gregorio Marañón (1887-1960), médico y escritor español -

Reconocimiento Y Logros

El reconocimiento es un motivador extraordinario que muchos conocemos de nuestra etapa infantil. Los primeros protagonistas del reforzamiento de nuestra autoestima son nuestros propios padres cuando nos aplaudían nuestros primeros pasos, y cómo olvidar cuando la profesora nos premiaba con una estrellita por buena conducta o con un diploma de ciertos logros académicos.

Es una increíble inyección de dopamina la que recibimos al sentirnos reconocidos y de serotonina al sentirnos orgullosos de nuestro gran esfuerzo. La dopamina se segrega cuando son pequeños logros y la serotonina con proyectos más a largo plazo, como puede ser por ejemplo un Diploma de Honor Académico.

Esta técnica del reconocimiento la conoce muy bien los

departamentos de recursos humanos cuando le dan la palmadita en la espalda a un empleado por su buen hacer o el reconocimiento a los 10 años de empleado de la empresa. El reconocimiento normalmente viene de terceras personas, pero también nos podemos poner pequeñas metas personales y al alcanzarlas sentiremos ese autorreconocimiento tan motivante para seguir adelante con tus proyectos.

Comprar productos que nos ayuden a lograr ese reconocimiento es un gran motivante para el que busca el aplauso. Busca en la portada de un libro la palabra "logro" y sabrás que te están intentando vender la posibilidad de que logres un reconocimiento por algo que has conseguido. Por otro lado, una persona que no se siente reconocido a pesar de lograr objetivos, si está esperando el reconocimiento de otros y no llega, cae fácilmente en depresión.

"Hay una especie de magia cuando nos vamos lejos y , al volver, hemos cambiado". - Kate Douglas Wiggin (1856-1923) educadora estadounidense -

Exploración

Desde tiempos remotos el hombre siempre ha tenido inquietud por descubrir nuevas tierras y lugares. El afán por descubrir, por conquistar nuevos territorios nos puede llevara a viajar hasta conocer los territorios más remotos.

Esta emoción nos lleva a las esquinas más recónditas del mundo, como puede ser la cima del Himalaya, el desierto del Sahara, la Antártida, o las profundidades de los mares. Por esa razón los viajes son un gran producto para conocer nuestra tierra, así como también libros de viajes, páginas de internet con excursiones, ropa o accesorios que nos recuerden esa faceta nuestra de explorador.

¿A quién no le gusta tener unos binoculares, relojes para uso rudo, o una tienda de campaña?, productos que nos transportan mentalmente a aquellos lugares con los que soñamos visitar.

"La primera y la más simple emoción que descubrimos en la mente humana es la curiosidad." - Edmund Burke (1729-1797), político, filósofo y escritor irlandés -

Novedades

La novedad, motivada por la curiosidad, constituye uno de los grandes motivadores que tenemos para comprar. Esa inyección de dopamina es la que hace en gran parte que estemos fascinados por los dispositivos electrónicos y nos compremos una y otra vez la última versión de nuestro dispositivo favorito. Ya sea una tableta, un móvil inteligente, un marco de fotos electrónico, un contador de pasos o un reloj inteligente nos encanta y disfrutamos conociendo todas y cada una de sus funciones.

Esta faceta es mucho más destacada en hombres que en mujeres, tal vez porque en los dispositivos electrónicos pueden descubrir una nueva funcionalidad para conseguir más ingresos, como antaño nos servía una nueva arma para cazar.

"Mi principal interés en la vida es plantearme retos aparentemente imposibles." - Richard Branson (1950), fundador de Virgin Atlantic Airways -

Retos

El afán de superación es un gran atractivo para mucha gente que se reta a sí misma. El conseguir un objetivo a largo plazo nos produce una buena dosis de serotonina que nos inunda de felicidad, más aún cuando este reto llega después de un gran esfuerzo por conseguirlo y su merecido reconocimiento.

El reto es una poderosa arma de motivación que puede conseguir mover a todo un equipo de trabajo, ya sea producción, ventas, administración o cualquier otra área. El sentirse un equipo ganador en pos de una meta común no solo nos da una gran emoción de pertenencia (también conocido como Team Building) sino la emoción de demostrarnos que podemos lograr el reto planteado.

Muchos productos que venden la emoción del reto están relacionados con el deporte, la escalada, que mezcla la emoción de la aventura y exploración con la del reto. Pero también con una carrera profesional, donde la capacitación juega un papel esencial, o los videojuegos, llenos de metas intermedias que alcanzar para conseguir ir a la siguiente fase, pura dopamina.

"La nostalgia, como siempre, había borrado los malos recuerdos y magnificado los buenos". - Gabriel García Márquez (1927-2014), escritor Colombiano -

Nostalgia

¡Cuánto nos gustan los productos que consumíamos de niños! Si estás en el extranjero o lejos de casa posiblemente eches de menos tomarte un vaso de leche con el chocolate soluble Cola-Cao si eres español y si eres mexicano echarás de menos una taza de chocolate Abuelita. Nada mejor para un alemán disfrutar una Bratwurst como si estuviera en el mercado de invierno su pueblo. Si eres argentino lo más seguro es que disfrutes comer un alfajor Havanna lejos de tu tierra como si estuvieras allí.

El mercado de productos Nostalgia es muy importante, ya que la nostalgia es un fuerte motivador emocional para volver a sentir el calor de nuestro hogar en tierras extrañas y depende de cada país y región en particular, aquello que nos vincula con nuestro hogar. No hay nada que más añoremos que el seguro calor de nuestro hogar.

"El 50% de mi carrera está completo, el otro 50% es trascender, ser más que una moda. Que sea recordada". - Shakira (1977), cantante colombiana

Trascendencia

Como ya sabe el lector el fin último de la biología humana es la supervivencia. En este sentido, el ser humano busca de cualquier manera su perpetuidad. No solo buscamos una vida más allá de la muerte, ya sea en el paraíso o reencarnados, sino también el seguir viviendo en el recuerdo de los demás perpetúa nuestra existencia de alguna manera. También lo podemos vincular con la emoción que produce saber que el resto de las personas alaba nuestro trabajo, pura serotonina proveniente del orgullo.

Cuántos grandes hombres hay en la literatura que siguen presentes en nuestras vidas, y nosotros sabemos que de alguna manera sus ideas siguen vivas entre nosotros. De este hecho surgen hombres, que una vez superada sus necesidades básicas y sociales les nace una necesidad de autorrealización y trascendencia. La manera de trascender es que su obra siga viva después de su muerte. Esta trascendencia tenga que ver con la sensación de convertirse en un líder al que todo un pueblo admire.

"Solo existen dos cosas importantes en la vida. La primera es el sexo y la segunda no me acuerdo."- Woody Allen (1935), actor, director y escritor estadounidense -

Sexualidad

La sexualidad, aunque es un tema tabú en muchas culturas, es responsable de un mercado de miles de millones de dólares en el mundo. La atracción sexual que sentimos entre los seres humanos, por su intenso efecto inmediato sobre la atención, es usado por la publicidad, unas veces de manera sutil y otras de manera más explícita, para captar las miradas de los consumidores.

Si pensamos en los productos que se venden por el instinto sexual podríamos empezar por el negocio más antiguo del mundo o por la pornografía, ambos orientados principalmente hacia los hombres. Pero si pensamos en productos orientados hacia las mujeres podemos encontrar una cantidad de productos innumerables que se venden a las mujeres para estar más atractivas para los hombres, desde el mundo de la moda, maquillaje, zapatos, bolsos, pestañas postizas o perfumes hasta operaciones de estética.

Cooperación

La cooperación y la contribución a la sociedad es el motor de muchas personas que viven trabajando para los demás. Cuando estamos en estados de alerta social el instinto de cooperación surge de nuestro interior para ayudar a nuestros semejantes. Esta motivación sale a relucir en estados de emergencia, como guerras, pandemias y catástrofes naturales. Pero si tienes una vida cómoda también puedes participar en organizaciones no gubernamentales, Cáritas u otras asociaciones destinadas a ayudar a los más desfavorecidos. Sin duda una dosis de serotonina alegrará tu día cuando sepas que estás ayudando a los demás altruistamente.

Esta emoción es la que hace que cuando ayudas a algún cliente sin esperar nada a cambio, le generes una profunda sensación de gratitud que se convierte en una deuda moral contigo, lo que llamamos el principio de reciprocidad. Tú me ayudas, yo te ayudo.

MASLOW Y LOS MOTIVADORES EMOCIONALES

"Caminarás delante hacia el crecimiento o caminarás hacia atrás hacia la seguridad."

- ABRAHAM MASLOW (1908-1970), PSICÓLOGO
ESTADOUNIDENSE -

Cuando promocionamos un producto de consumo conocemos bastante bien qué motivadores hemos de usar para conseguir incrementar las ventas, ya que a través de la publicidad impactamos a miles de personas, pero cuando hacemos una venta directa a una persona va a depender mucho de su tipo de personalidad.

Es complicado en una o pocas visitas averiguar qué es lo que va a motivar a alguien a comprar nuestro producto, dependiendo claro está del tipo de producto y de la personalidad de nuestro cliente potencial, pero en cualquier caso la pirámide de Maslow nos puede ayudar a discriminar ciertos motivadores emocionales en función de la persona con la que estemos hablando.

La pirámide de Maslow proviene de la teoría de motivaciones humanas[25] de Abraham Maslow que describe una jerarquía de necesidades humanas que han de ser satisfechas, desde las más básicas fisiológicas hasta las más espirituales. La teoría sostiene que no podemos pensar en la necesidad de un nivel determinado si no hemos satisfecho las necesidades de niveles inferiores. Por ejemplo, no vamos a sentir la necesidad de sentir afecto y amistad si nos urge ir al baño a aliviar nuestras necesidades fisiológicas.

En este sentido podemos ver que muchos de los botones reptil se identifican claramente con los diferente niveles de la pirámide de Maslow, desde necesidades sociales de pertenencia o dominación, hasta la las más básicas de seguridad o control.

Pirámide de Maslow y motivadores emocionales

LA DECISIÓN DE COMPRA

"Las grandes decisiones de la vida humana tienen como regla general mucho más que ver con los instintos y otros misteriosos factores inconscientes que con la voluntad consciente y el sentido de razonabilidad".

- CARL GUSTAV JUNG (1875-1961), FILÓSOFO SUIZO -

Lograr la decisión favorable del cliente a comprar nuestro producto es clave para cerrar el proceso de venta. Podemos haber hecho un muy buen desarrollo de comunicación y motivación, pero el cliente estar aún indeciso. En este capítulo vamos a ver algunas técnicas que nos servirán para conseguir que el cliente tome la decisión de comprar.

Reciprocidad, Compromiso Y Deuda

Cuando hemos estado con un cliente prestándole ayuda o dedicándole un tiempo a asesorarle que él considera de un valor considerable, se crea en el cliente una sensación de deuda con el vendedor. Por supuesto el compromiso de compra que crea esta deuda emocional ha de venir precedido de una confianza basada en un asesoramiento profesional de calidad.

Si el cliente percibe que no estás seguro de lo que afirmas o tiene alguna duda que no le resuelves, va a estar muy reticente a comprar tu producto. Pero si le has estado ayudando y el cliente te percibe como un asesor confiable se creará en él una deuda moral y el compromiso de devolverte la ayuda recíprocamente por todo el esfuerzo que le has dedicado.

Este compromiso y la necesidad de devolverte la ayuda ofrecida proviene de nuestro instinto de supervivencia, de la emoción que sentimos de cooperación con nuestro prójimo.

Imagina a dos campesinos que viven lejos de la ciudad pero que entre si viven cerca. Saben que ayudarse el uno al otro es muy importante porque de ello puede depender su supervivencia, ya sea porque a uno se le averíe su vehículo, o que al otro le falte electricidad.

Cuando los pueblos eran pequeños los vecinos se conocían y en muchos casos se ofrecían mutuamente ayuda. Hoy en día, ya que nuestra seguridad no depende de la relación con nuestros vecinos, se ha perdido esta costumbre sobre todo en grandes urbes, pero de alguna manera el instinto de ayuda mutua sigue vivo en nuestro cerebro.

⇨ **Un buen asesoramiento a un cliente y una buena atención es sin duda un motivador muy considerable para que el cliente se decida a comprar tu producto**

Regalar Al Cliente

Te habrá pasado que buscando información de algún curso en internet has conseguido encontrar buen asesoramiento en línea gratuito. Esa estrategia de regalar contenido es la que te genera el sentimiento de agradecimiento hacia la persona que te lo da, y además tiene otro efecto beneficioso, consigue que pruebes su producto y verifiques que lo que te está ofreciendo es lo que buscas. Parece contradictorio regalar servicios o contenido de un curso, pero dar sin esperar nada a cambio puede resultar la mejor estrategia para ganar clientes, ya que les provocamos la deuda de cooperación.

Donde va Vicente, donde va la gente.- dicho popular-

Referencias

Uno de los problemas del cerebro racional es que se atora cuando tiene demasiadas opciones y además le falta información para decidirse. La idea de equivocarnos a la hora de hacer una compra paraliza nuestra decisión cuando no estamos seguros de elegir el producto correcto.

Esto es más acusado cuando además no podemos descubrir el contenido del producto antes de comprarlo. En ese caso cualquier referencia que tengamos de los productos nos va a ayudar a tomar la decisión basados en la experiencia de otras personas.

Por ejemplo, todos recordamos las listas de libros más vendidos en una librería, donde la gente tiende a comprar el producto que ha tenido más éxito, o por ejemplo vemos información de un hotel y nos fijamos en los comentarios y valoraciones de otros clientes en la página web. Por eso cuando el producto es bueno se vende solo, porque se corre la voz de la calidad del producto y viniendo de terceras personas valoramos el comentario como una referencia importante a considerar.

⇒ Las referencias además de ser la comunicación más efectiva es la más económica, ya que no invertimos un centavo en su difusión

Razones Racionales

Como ya conoce el lector el cerebro racional justifica nuestras decisiones emocionales. Por ejemplo, si conseguimos emocionar a un cliente con la compra de un producto que significa para él un paso importante en su carrera (como puede ser un máster o un curso), pero no dejemos de darle razones racionales que apoyen esta decisión emocional, como puede ser el posicionamiento de la universidad en el ranking de universidades, la validez internacional del título o la garantía de que la mayoría de sus alumnos mejoran sus ingresos tras terminar el máster.

Igualmente, si le estamos vendiendo maquillaje de marca premium a una mujer, con la que se siente más poderosa, le podemos argumentar que el maquillaje dura más, que es resistente al agua o que lo usan las principales actrices de Hollywood (y por tanto su alta calidad).

⇒ Ayuda al cerebro racional a justificar las decisiones emocionales

Tres Opciones

Por la misma razón que nuestro cerebro necesita razonar que la compra que está decidiendo es la mejor, el cliente buscará varias opciones de compra para decidirse por la mejor. Dos opciones son pocas, y más de tres tiene la memoria a corto plazo problemas para manejarlas, por eso 3 opciones es el número óptimo para que nuestro cerebro racional se decida por la compra de una de ellas.

⇒ **Ante un análisis de productos el cerebro racional se decide antes si tiene tres opciones**

Llamada A La Acción Y Sentido De Urgencia

Cuando elaboremos una oferta comercial será más efectiva para el cierre si urgimos al cliente a cerrar la compra cuanto antes para aprovechar la compra de impulso, de otra manera el cliente se puede distraer con otras actividades y olvidarse de nuestra irresistible oferta.

Al final de la oferta económica no debemos olvidar llamarle la atención para que compre cuanto antes, que no demore más la decisión, y además le urgimos mediante la escasez de la oferta, para que le provoque la necesidad de comprar lo antes posible. Como por ejemplo "plazas limitadas", "esta oferta estará disponible solo 1 hora", "promoción válida solo hoy hasta final de existencias", "compre la suya antes de que se agoten, solo 10 unidades disponibles".

Cuanto Más Sencillo Mejor

Uno de los grandes éxitos de Google ha sido presentar su producto como increíblemente sencillo, una página en blanco con un campo para buscar la palabra que queremos. Si comparamos esa opción con la de Yahoo donde tenemos muchos campos que distraen nuestra atención podemos sentir la comodidad de usar una página que no nos distrae de nuestro objetivo, sin anuncios ni noticias.

El cerebro adora la simplicidad, si le ofrecemos al cliente demasiadas opciones el cerebro racional se atora y tiene que hacer un análisis antes de decidirse, y por el principio de ahorro de energía eso no le gusta a nuestro cerebro.

⇨ **Keep it simple and stupid (hazlo simple y estúpido)**

Toma La Decisión Por Él

Hay ocasiones en que vemos que nuestro cliente duda entre las diferentes opciones que le damos, tal vez porque haya poca diferencia o porque cada una le resulte atractiva por algo diferente.

La manera de conseguir que el cliente se decida es intervenir y ahorrarle el trabajo de hacer el análisis. Le puedes comentar "déjame que te aconseje empezar por esta opción, que es la más elegida, y si no te convence la cambiamos más adelante", de esta manera le quitamos al cerebro del cliente el trabajo de tener que seguir analizando y si más adelante no está satisfecho siempre puede cambiar a otra opción (siempre y cuando el producto o servicio lo permita). Así conseguimos acelerar el proceso de compra y cerrar la venta en el momento.

⇨ **Si el cliente no se decide, decide tú por él**

Evita Dudas Y Dificultades En La Compra

Analiza bien todo el proceso de compra, sobre todo si es por internet. Simplifica al máximo el proceso de compra, aunque no dejes de ofrecerle otros productos en los que podría estar interesado. Deja muy claro el precio, el tiempo de entrega y el contenido completo del producto o servicio. Si el cliente duda en alguna característica de la oferta o del producto, cancelará la compra y la demorará para pensarlo más tarde. Cualquier cosa que pueda suponer un inconveniente intenta que el cliente lo pueda revertir, como la cancelación de pagos mensuales.

⇒ **Dale todo hecho para que solo tenga que pulsar el botón de comprar**

Primero El Precio Alto, Luego El Bajo

Cuando estemos realizando una oferta basada en un descuento hemos de presentar primero el precio más alto, para que el cliente tenga un anclaje del precio del producto. Una vez que le presentemos el descuento y el precio menor el cliente se sentirá aliviado y considerará que el precio es una oportunidad de compra importante. Si lo hacemos al revés, al anclar el precio con la cifra rebajada su impresión al ver el segundo precio será que está demasiado caro.

Lo mismo pasa con el precio final, el cliente toma como referencia de precio el primer número. No es lo mismo para el cerebro comprar algo a $1,000 que a $999. La impresión que le queda al cerebro es que no es tan caro, aunque sea prácticamente la misma cifra.

Comienza Por Algo Pequeño

Es más fácil que un cliente te compre si primero le vendes algo de bajo coste (y bajo riesgo para él) y una vez que te ganes su confianza vayas aumentando el volumen de venta con él. Lo importante es empezar con algo pequeño para que ya se crea en su mente la experiencia positiva con tu producto y te perciba como un proveedor de confianza.

StoryTelling: un cartel en el jardín

En 1966 Jonathan Freedman y Scott Fraser publicaron en la revista Journal of Personality and Social Psycology un artículo[26] sobre un experimento social que realizaron en Palo Alto.

El experimento trataba de demostrar que la gente es más proclive a darte una respuesta afirmativa a una cuestión difícil de aceptar si previamente te ha dado ya una respuesta afirmativa. El experimento consistía en pedirle a vecinos de un barrio que pusieran un cartel grande bastante intrusivo en el jardín de su casa que indicaba a los conductores que circularan de manera segura por el barrio.

En la primera ronda de visitas únicamente el 17% de las personas accedieron a poner el cartel. En la segunda ronda de visitas ofrecieron a los vecinos poner un cartel mucho más pequeño, de 3 pulgadas. La mayoría de los vecinos accedieron a poner el cartel. Unas semanas después regresaron a los mismos vecinos para pedirles poner el primer cartel grande que ofrecieron, y el 76% de los vecinos accedieron a poner ese cartel grande en su jardín.

Prepara El Cerebro Para Que Diga "Sí"

Al cerebro le gusta repetir una y otra vez las mismas rutas cerebrales, los mismos hábitos, los mismos caminos, las mismas compras, los mismos amigos. Por eso es importante lubricar el camino neuronal que queremos que el cliente use en su cerebro, en este caso que nos diga que sí a una pregunta.

Por eso antes de lanzarle la pregunta en cuestión a un cliente, por ejemplo, solicitar que se incremente el presupuesto de marketing en nuestra empresa, es mejor que vayamos allanando la respuesta haciéndole otras preguntas cuya respuesta sea "sí".

Podemos tomar como ejemplo la siguiente cadena de preguntas: "¿verdad que la campaña que hicimos fue muy exitosa?", a lo que nuestro interlocutor responderá que sí probablemente, y después añadimos "¿y no es verdad que hemos ganado unos clientes importantes con ella?", "sí", responderá pensando en los buenos beneficios que le reportaron…. Y aquí va la pregunta que queríamos hacer originalmente "¿y no sería conveniente incrementar el presupuesto de marketing en X cantidad para lograr nuevos clientes?".

Será difícil que nuestro interlocutor nos dé un "no" como respuesta sin pensarlo bien antes. Desde luego no es infalible la técnica, ya que dependiendo de lo que queramos lograr será más fácil que nos dé una respuesta en poco tiempo, pero sin duda nos puede ayudar a inclinar la balanza afirmativamente en muchos casos.

EPÍLOGO

Este libro de neuroventas te ha permitido estructurar tu proceso de venta analizando primero las emociones negativas de tu cliente para luego motivarle con emociones positivas y llenar una necesidad emocional con tu producto. De alguna manera lo que hacemos es investigar las razones psicológicas que el cliente tiene para comprar tu producto.

Naturalmente en ningún momento tomamos el control de la mente del cliente, no le hipnotizamos o manipulamos de ninguna manera, el cliente es libre de tomar sus decisiones, pero sí conseguimos preparar el entorno para que nos sea favorable y mejoramos nuestra comunicación para que sea más efectiva. Además, logramos llegar a conocer sus necesidades emocionales y satisfacerlas con productos o servicios que todos necesitamos

El objetivo de este libro es conseguir que el vendedor pueda analizar la venta en toda su dimensión emocional para llegar de la manera más efectiva al cliente, faceta que había sido desarrollado anteriormente solo en el área de marketing, y que ahora trasladamos también a la venta directa.

REFERENCIAS

1. Nature Neuroscience, 2008. John-Dylan Haynes, a Max Planck Institute

2. Petersen, S. E., & Posner, M. I., 2012, The attention system of the human brain: 20 years after. Annual.

3 Meditate to create: the impact of focused-attention and open-monitoring training on convergent and divergent thinking, Institute for Psychological Research and Leiden Institute for Brain and Cognition, Leiden, Netherlands, 2012.

4. The Moral Molecule: The Source of Love and Prosperity, 2012.

5. Effects of oxytocin administration on spirituality and emotional responses to meditation, 2014, Department of Psychology and Neuroscience, University of North Carolina.

6. Correlaciones Neuronales de la gratitud, Departamento de Psicología, Universidad de California, 2015.

7. Dopamine reward prediction error coding. Wolfram Schultz, MD, FRS ,Dialogues Clinical Neuroscience. 2016 Mar; 18: 23–32.

8 Valorie Salimpoor y Robert Zatorre. Universidad McGill de Montreal. Nature Neuroscience 2011 volumen 14, páginas 257–262.

9. Gruber M, Gelman B, Ranganath C. "States of Curiosity Modulate Hippocampus-Dependent Learning via the Dopaminergic Circuit." Neuron. 2014.

10. George Miller "The Magical Number Seven, Plus or Minus Two: Some Limits on Our Capacity for Processing Information", 1956.

11. Documental Nova: Memory Hackers, 2016. Dirección Anna Lee Strachan.

12. Dr.Antonio Damasio, El extraño orden de las cosas, Ed.Ariel, 2018.

13. Gerd Gigerenzer, Psicólogo y director del Instituto Max Planck para el Desarrollo Humano, "Gut Feelings: The Intelligence of the Unconscious" 2008)

14. Sex differences in the structural connectome of the human brain, Published online 2013 Dec 2. doi: 10.1073 /pnas. 1316909110. ttps://www.ncbi.nlm.nih.gov/pmc/articles/PMC3896179/

15. Cell Press (2006, August 27). Pure Novelty Spurs The Brain. ScienceDaily. Retrieved November 9, 2008, from http://www.sciencedaily.com/releases/2006/08/060826180547.htm

16. Smithsonian Magazine, Nov 14, 2013, https://www.smithsonianmag.com/science-nature/do-our-brains-find-certain-shapes-more-attractive-than-others-180947692/.

17. Gerald Zaltman. How Customers Think - Essential Insights into the mind of the market, 2003.

18. Gerald Edelman - Bright Air, Brilliant Fire: On the Matter of the Mind, 1992.

19 Ph.D. Rolin McCratey, The Energetic Heart, Institute of HeartMath, 2003.

20. Isen, A., Daubman, K., and Nowicki, G. (1987). Positive Affect Facilitates Creative Problem Solving. Journal of Personality and Social Psychology, 52(6), 1122-1131

21. Dr.Bruce Lipton. Biología de la creencia, Ed.Palmyra, 2007,

22. Jack Trout, ¡diferénciate o muere! ,"Differentiate or Die", McGraw Hill, 2000,

23. Jürgen Klaric, "Véndele a la mente, no a la gente". 2014, Ed.Paidós.

24. Steven Reiss,Ph.D "Who am I?. The 16 basic desires that motivate our actions and define our personalities". 2001. Pag. 50, Ed.Putnam.

25. Abraham Maslow, "A theory of the Human Motivation", 1943.

26. Jonathan Freedman and Scott C Fraser, Journal of Personality and Social Psychology in 1966, (Vol. 4, No. 2, 155-202)

Imágenes

1. Foto de niño con cachorro creado por freepik.
2. Imágenes de portada, Shutterstock.

3. Imagen diseñada por Freepick.

4. Foto de Café creado por javi_indy - freepik.

5. Fotos e ilustraciones: Pixabay y Shutterstock.

ABOUT THE AUTHOR

Marcos Esteban

 Madrid, 1972. Marcos Esteban comenzó su carrera en España capacitando a empresas a lo largo de todo el país. El conocimiento del mercado le llevó a Alemania y a México, donde desarrolló su carrera en las áreas de Ventas y Marketing en mercados internacionales. Tras conocer las técnicas de Neuroventas Esteban se tomó a la tarea de investigar las ramas de neurociencia que inciden en el conocimiento de esta nueva disciplina para esclarecer los principios neurológicos de las ventas.